新时代新理念职业教育教材·城市轨道交通系列

城市轨道交通运营管理专业教材

"互联网+"新形态一体化教材

城市轨道交通综合设备
监控工作页

主　编　王　谱　毕丽丽

副主编　任义娥

北京交通大学出版社

·北京·

内 容 简 介

本书通过深入分析城市轨道交通运营管理岗位典型活动和技能要求，设计了以"工作体系"为框架、以"操作任务"分析为基础的"模块化、渐进式"结构体系。本书融合了视频等教学资源，实现纸质教材和数字资源的完美结合，体现了"互联网+"新形态一体化教材的理念。本书主要包括 7 个项目，即环境与设备监控系统（BAS）运用、乘客信息系统（PIS）运用、公共广播（PA）系统运用、闭路电视（CCTV）系统运用、火灾自动报警系统（FAS）运用、自动售检票（AFC）监控系统运用、应急控制盘（IBP）运用操作。

本书适合作为高等职业学校、中等职业学校城市轨道交通类专业的教材，也可作为城市轨道交通运营企业的职工培训教材。

图书在版编目（CIP）数据

城市轨道交通综合设备监控工作页 / 王谱，毕丽丽主编. —北京：北京交通大学出版社，2022.8

ISBN 978-7-5121-4779-9

Ⅰ. ①城⋯　Ⅱ. ①王⋯　②毕⋯　Ⅲ. ①城市铁路–轨道交通–设备管理　Ⅳ. ①U239.5

中国版本图书馆 CIP 数据核字（2022）第 138828 号

城市轨道交通综合设备监控工作页
CHENGSHI GUIDAO JIAOTONG ZONGHE SHEBEI JIANKONG GONGZUOYE

责任编辑：刘　辉

出版发行：北京交通大学出版社　　　　电话：010-51686414　　http://www.bjtup.com.cn
地　　址：北京市海淀区高梁桥斜街 44 号　邮编：100044
印 刷 者：艺堂印刷（天津）有限公司
经　　销：全国新华书店
开　　本：185 mm×260 mm　　印张：10.75　　字数：274 千字
版 印 次：2022 年 8 月第 1 版　　2022 年 8 月第 1 次印刷
印　　数：1～2 500 册　　定价：39.80 元

本书如有质量问题，请向北京交通大学出版社质监组反映。对您的意见和批评，我们表示欢迎和感谢。
投诉电话：010-51686043，51686008；传真：010-62225406；E-mail：press@bjtu.edu.cn。

前　言

随着我国城市轨道交通事业的快速发展，城市轨道交通施工建设、运营管理急需各类人才，尤其是从事一线工作的操作类人才更是紧缺。同时，随着城市轨道交通行业信息化、智能化、自动化技术的推广，许多工作从现场作业转向远程"遥控"。城市轨道交通从业人员远程监控能力和意识、操作远程监控设备等方面的知识与技能必将越来越重要。

为构建城市轨道交通运营管理专业"校企联合招生、联合培养、一体化育人"的长效机制，本书通过深入分析城市轨道交通运营管理岗位典型活动和技能要求，设计了以"工作体系"为框架、以"操作任务"分析为基础的"模块化、渐进式"结构体系，并根据认知规律，由浅入深，阶梯推进，设置了情景设置、任务布置、任务分解、任务实施和任务评价五个栏目，以完善学生的认知结构和动手能力。

本书融合了视频等教学资源，实现了纸质教材和数字资源的完美结合，体现了"互联网+"新形态一体化教材的理念。

本书主要包括 7 个项目，即环境与设备监控系统（BAS）运用、乘客信息系统（PIS）运用、公共广播（PA）系统运用、闭路电视（CCTV）系统运用、火灾自动报警系统（FAS）运用、自动售检票（AFC）监控系统运用、应急控制盘（IBP）运用操作。

本书根据职业院校学生的认知特点，尽量减少出现生涩难懂的专业术语，语言文字通俗易懂，叙述浅显明了，并辅以案例，以情景带入任务，力求让具备城市轨道交通基础知识的学生通过自学也能看得懂；并尽可能使用直观形象、生动活泼、逻辑性强的图片、表格等形式，增强学生对知识与技能的感性认识。

目前，城市轨道交通监控系统并未形成全国统一的标准，各个城市，甚至同一个城市的不同线路，在监控系统设备设施、作业方式和运营管理等方面均有较大差异。编者未能介绍全国各城市轨道交通监控系统情况，敬请各位读者谅解。另外，由于编者水平有限，本书尚有许多不足之处，真诚地希望读者和同行给予批评指正。反馈本书意见，索取教学资源请与出版社编辑刘辉联系（邮箱：hliu3@bjtu.edu.cn；QQ：39116920）。

编　者
2022 年 8 月

目　　录

项目一　环境与设备监控系统（BAS）运用

　　小明就读于北京某学校城市轨道交通运营管理专业，某天他乘坐北京地铁机场线至 T2 航站楼站，在准备搭乘地铁观光电梯时，遇地铁观光电梯发生故障突然停止运行。此观光电梯经停 T2 航站楼 2 层（旅客出发区）、1 层（旅客到达区）和 B2 层（机场线站台层），观光电梯控制开关位于 1 层。他驻足观察，发现车站工作人员在 5 min 内及时赶到故障现场进行处理、救援。小明心中不免疑惑，车站工作人员是如何及时、准确地知道这部电梯出现了故障呢？从出现故障到工作人员到场处理故障，这段时间，车站工作人员又做了哪些工作？对于此类故障的应急处置流程是什么呢？监控系统在故障处理中起什么作用呢？

　　通过学习本项目的内容，对于以上问题，我们将有非常清晰的答案，此外，除了自动扶梯、电梯，本项目也对车站给排水、通风空调，以及动力照明等设备的监控知识与技能进行了详细介绍。

知识目标

　　1. 了解各类涉及自动扶梯、直梯、给排水、通风空调、动力照明等设备监控方面的规章制度；

　　2. 了解自动扶梯、直梯、给排水、通风空调、动力照明等设备的基本结构、组成及功能；

　　3. 掌握对自动扶梯、直梯、给排水、通风空调、动力照明等设备进行监视的操作流程；

　　4. 掌握自动扶梯、直梯、给排水、通风空调、动力照明等设备发生故障后的应急处置方法；

　　5. 掌握当各类设备发生故障时的报修流程及记录要求；

　　6. 掌握当各类设备发生故障时的信息通报流程。

技能目标

　　1. 能对自动扶梯、直梯、给排水、通风空调、动力照明等设备的运行状态进行监视；

　　2. 能对自动扶梯、直梯、给排水、通风空调、动力照明等设备的故障及出现异常情况时的报警信息进行确认；

　　3. 能在自动扶梯、直梯、给排水、通风空调、动力照明等设备发生故障时进行报修并记录；

　　4. 能在直梯发生故障时受理乘客招援请求。

建议学时

　　20 学时

任务一 环境与设备监控系统（BAS）认知及控制操作

☞ 情景设置

小敏是一名新入职的综控员，正在接受岗前培训，今天值班站长带她来到综控室，了解环境与设备监控系统，即楼宇自动化系统（building automation system，BAS），但是初来乍到的小敏"一头雾水"，如何操作 BAS 进行监视呢？

☞ 任务布置

通过学习 BAS 人机界面（human machine interface，HMI）的操作方法，了解 BAS 各子系统的运行方式，熟练掌握模式控制的操作流程及点（动）控制的操作流程。

☞ 任务分解

一、BAS 模式控制、点（动）控制操作流程

BAS 模式控制、点控制操作流程如图 1-1 所示。

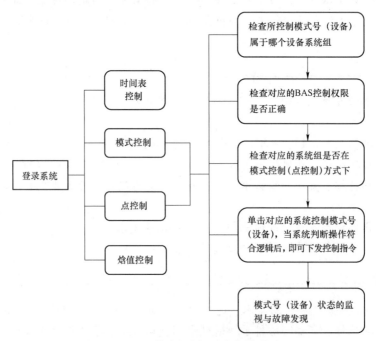

图 1-1 BAS 模式控制、点控制操作流程

二、知识准备

1. BAS 设备基本结构与常用功能

1）BAS 设备基本结构

地铁线路设置 BAS 设备实现对全线通风空调、给排水、低压配电与照明、电梯等设备的集中监控与管理，对所监控的设备进行模式控制、点控制等。BAS 状态图如图 1-2 所示。

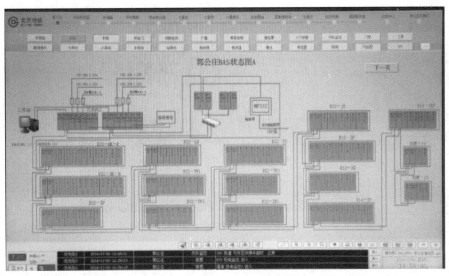

图 1-2　BAS 状态图

2）BAS 设备常用功能

（1）对本站的通风空调系统、空调水系统、给排水系统、空调大系统、空调小系统、动力照明系统、电梯系统等机电设备的运行状态和各种运行参数进行监视，并能根据操作权限对其进行控制。

（2）实时监视报警。当系统中的机电设备发生故障或出现异常状态时，发出报警提示信息。

（3）具有以清单方式提供系统所有数据库动态监视信息的功能。可对测点状态变化和异常情况、设备故障、人工操作、系统内部提示信息等所有历史事件进行记录和查询。

（4）根据环控调度员下达的设备运行模式时间表，通过 BAS 实现通风空调系统、动力照明系统等机电设备的自动运行。

2. BAS 人机界面（HMI）操作使用方法

1）通用的人机界面

人机界面（HMI）是图形化的用户接口，它使得操作员能以直观的图形方式看到系统所存储的数据、控制的对象并能访问系统工具。北京地铁 5 号线城市轨道交通综合监控系统（intergrated supervisory control system，ISCS）的 HMI 是在第三方的图形包 Sammi 上进行开发的。

用户首先须使用合法的用户名和口令登录系统，登录成功后，系统为其分配一个用户模式（也称为用户类别），允许登录用户在用户模式框架下访问系统功能。

登录通用的人机界面的步骤如下。

（1）打开计算机的电源后，系统将自动进入 UNIX 操作系统的桌面环境并启动人机界面，如图 1-3 所示。

图1-3　BAS 启动界面

（2）输入用户名，此时将进入用户类别选择窗口，如图 1-4 所示，以车站综控员为例，其在用户类别的列表中显示为"ZZZ_SSO"，然后单击【登入】按钮，便可进入人机界面环境。

图1-4　BAS 用户类别选择窗口

2）BAS 主界面

操作员登录后，将显示 BAS 主界面。

3. BAS 子系统组的运行方式

每个 BAS 子系统组的运行方式有三种，个别子设备组有四种。

（1）时间表控制：子系统组将根据时间表内定义的模式号与时间，在指定的时间自动启动指定的模式号。

（2）模式控制：允许操作员手动下发任何本子系统组内的任一模式号。

（3）点控制：允许操作员手动控制本子系统组内的任一可控设备。

（4）焓值控制（仅个别设备组）：允许 BAS 的 PLC 控制器启动自动控制功能。

BAS 的控制方式如图 1-5 所示。

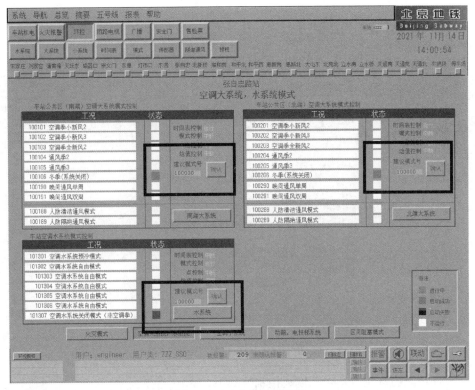

图 1-5 BAS 的控制方式

子系统组运行方式的切换操作，必须在操作员拥有相应的控制权的前提下实施。如当用户类别"ZZZ_SSO"想切换通风空调系统组的运行方式时，必须确定通风空调系统组的控制权限当前位于车站；否则，系统会提示错误。

☞ **任务实施**

一、自主补全以下流程

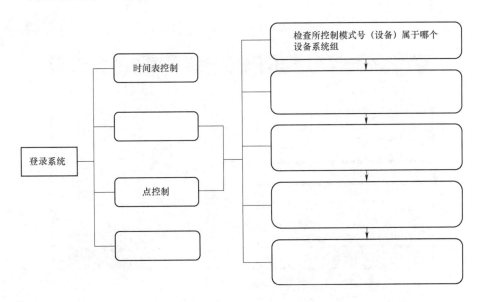

二、模式控制的操作流程

（1）检查所控制模式号属于哪个设备系统组。一般情况下根据需求和模式号即可判断所属的系统组。例如："100101"为大系统子系统组，属于通风空调系统组；"100801"为变电所用房子系统组，属于通风空调系统组；"101601"为照明子系统组，属于动力照明系统组。

（2）通过【环控】|【授权】界面检查对应的 BAS 控制权限是否正确，如图 1-6 所示。

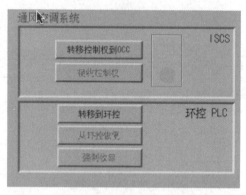

图 1-6　BAS 控制权限图

（3）检查对应的系统组是否在模式控制方式下，如图 1-7 所示。

图 1-7　模式控制状态

（4）单击对应的系统控制模式号（见图 1-8），当系统判断操作符合逻辑时，即可下发控制指令。

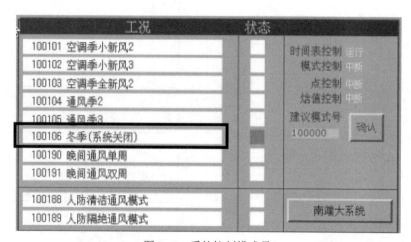

图 1-8　系统控制模式号

（5）模式状态的监视与故障发现。当发现模式执行失败时，车站综控员和环控调度员要立即向机电等单位报告，及时检查模式执行失败的原因。

三、点控制的操作流程

（1）点控制下检查所控制设备属于哪个设备系统组与模式控制下检查所控制模式号属于哪个设备系统组的操作流程相同，一般情况下根据需求和模式号即可判断所属的系统组。

（2）根据【环控】|【授权】界面检查对应的 BAS 控制权限是否正确。

（3）检查对应的系统组是否在点控制方式下。

（4）单击对应的系统（系统选择界面如图 1-9 所示），在弹出的窗口中单击【控制】按钮。

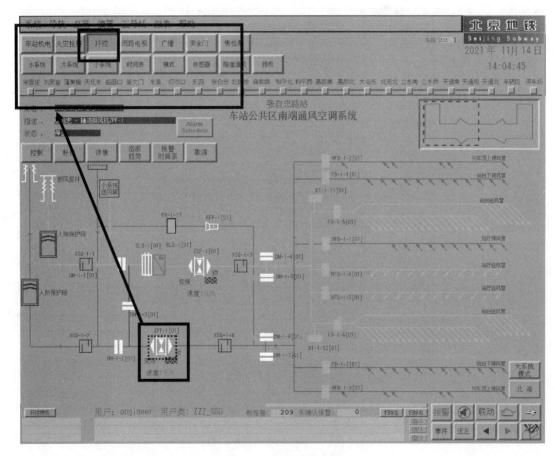

图 1-9　系统选择界面

当系统判断操作符合逻辑后，即下发控制指令。如果系统认为当前的条件不满足规定的安全条件，将给出"违背控制闭锁条件"的提示，如图 1-10 所示。

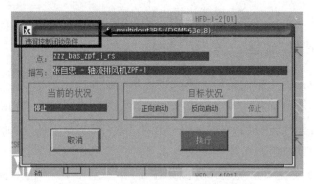

图 1-10 "违背控制闭锁条件"的提示

同时，系统能显示具体的错误信息，供查找问题时使用，如图 1-11 所示。

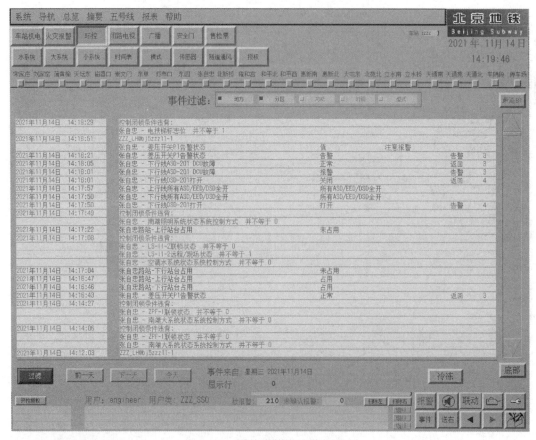

图 1-11 系统事件错误信息显示

一般情况下，可以根据这些信息来查找、解决问题。

（5）设备状态的监视与故障发现。

当发现闭锁条件满足，控制指令可以正常下发，但是设备一直没有动作时，应与机电单位联系，检查相关设备是否发生故障。

👉 任务评价

BAS 模式控制、点控制操作评价表

评价内容		评价标准	分 值	自评	他评
整体表现	形象	动作舒展，准确，利落	10		
作业内容	模式控制	准确判断所控制模式号归属的设备系统组	5		
		正确检查 BAS 控制权限情况	10		
		正确检查对应的系统组是否在模式控制方式下	10		
		正确单击对应的模式号	10		
		监视模式号状态，及时发现故障	10		
	点控制	准确判断所控制设备归属的设备系统组	5		
		正确检查 BAS 控制权限情况	10		
		正确检查对应的系统组是否在点控制方式下	10		
		正确单击对应的设备	10		
		监视设备状态，及时发现故障	10		
总分			100		

评价自己对本任务知识与技能的掌握程度，在下表相应空格里画"√"。

评价内容	差	合格	良好	优秀
对 BAS 设备基本结构与常用功能的掌握程度				
对 BAS 人机界面操作方法的掌握程度				
对 BAS 各子系统组运行方式的掌握程度				
学习中存在的问题或感悟				

任务二　自动扶梯、直梯设备的监视和操作

👉 情景设置

2017 年 10 月 6 日 19 时 09 分，如图 1-12 所示，在北京地铁五号线天通苑站，某下行自

动扶梯突然出现逆行故障，部分乘客不同程度受伤，综控员通知站务员到现场处置，如果你是车站工作人员，应当如何处理呢？

图 1-12　扶梯故障事故图

👉 **任务布置**

　　掌握自动扶梯、直梯设备运行状态的监视流程，当 BAS 报警时，能及时进行确认并处理，对设备故障进行报修、记录，受理乘客招援。

👉 **任务分解**

一、自动扶梯、直梯设备监视和操作流程

（1）自动扶梯、直梯设备运行状态监视流程如图 1-13 所示。

图 1-13　自动扶梯、直梯设备运行状态监视流程

（2）自动扶梯、直梯设备故障及设备异常情况报警确认流程如图 1-14 所示。

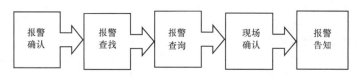

图 1-14　自动扶梯、直梯设备故障及设备异常情况报警确认流程

（3）自动扶梯、直梯设备应急处置流程如图 1-15 所示。

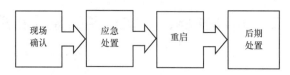

图 1-15　自动扶梯、直梯设备应急处置流程

（4）当自动扶梯、直梯设备发生故障时进行报修、记录流程如图 1-16 所示。

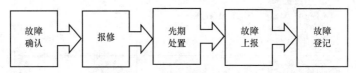

图 1-16 当自动扶梯、直梯设备发生故障时进行报修、记录流程

（5）当直梯设备发生故障时受理乘客招援流程如图 1-17 所示。

图 1-17 当直梯设备发生故障时受理乘客招援流程

二、知识准备

1. BAS 自动扶梯图示状态介绍如图 1-18 所示。

请扫描二维码，
获取数字教学资源

图标	描述	颜色
	状态：停止	白色
	状态：急停止	白色 蓝色文字"急"
	状态：检修	白色 蓝色文字"修"
	状态：向上运行	中海绿色
	状态：向下运行	中海绿色

图 1-18 BAS 自动扶梯图示状态介绍

	状态：设备故障	红色
	状态：通信故障	洋红色

图 1-18　BAS 自动扶梯图示状态介绍（续）

2. 电梯设备分类

1）自动扶梯

自动扶梯：带有循环运动梯路，向上或向下倾斜输送乘客的固定电力驱动设备。自动扶梯常见的倾斜角度有 27.3°、30°、35°三种。目前北京地铁在用自动扶梯的倾斜角度均为 30°。

2）直梯

直梯（垂直电梯）：由一个轿厢和一个对重用钢丝绳连接，经电动机驱动曳引轮传动，沿垂直的导轨上下运动的电力驱动设备。直梯通常安装在医院，办公大楼，宾馆，饭店及居民住宅楼等场所。

3）自动人行步道

自动人行步道：循环运动的板式或带式走道，即水平或倾斜输送乘客的固定电力驱动设备。自动人行步道的倾斜角度≤12°。目前北京地铁在用人行步道按倾斜角度分为倾斜型和水平型。倾斜型人行步道的倾斜角度为 7°～12°；水平型人行步道的倾斜角度为 0°～6°。

3. 城市轨道交通用自动扶梯与直梯的环境特点及影响

城市轨道交通用自动扶梯及直梯与安装在其他场所的自动扶梯及直梯相比有其独特性。第一，运行时间长，城市轨道交通用自动扶梯、直梯每天连续运行约 20 h，容易加速链条的磨损和老化，增加了维修工作量。第二，满载运行，由于客流量大，城市轨道交通用自动扶梯、电梯往往满载运行，使设备的保洁工作量大，故障率大大增加。第三，冲击性负荷，由于城市轨道交通系统的乘梯群体不固定，携带各种行李物品的乘梯人较多等原因，经常发生外界因素导致的停梯故障，影响电梯的正常使用。

☞任务实施

一、自主补全以下流程

（1）补全自动扶梯、直梯设备运行状态监视流程。

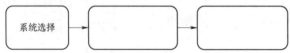

（2）补全自动扶梯、直梯设备故障及设备异常情况报警确认流程。

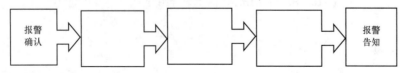

（3）补全自动扶梯、直梯设备应急处置流程。

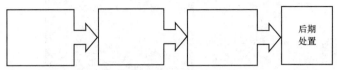

（4）补全当自动扶梯、直梯设备发生故障时进行报修、记录流程。

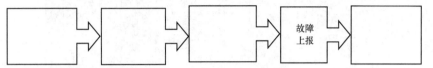

（5）补全当直梯设备发生故障时受理乘客招援流程。

二、自动扶梯、直梯设备监视和操作流程实操

1. 对自动扶梯、直梯设备运行状态进行监视

1）操作步骤

程序（步骤）	内　　容
1. 系统选择	在城市轨道交通综合监控系统（intergrated supervisory control system，ISCS）主界面中单击【车站机电】，如图1-19所示
2. 子系统选择	进入"车站机电"系统后，单击【电扶梯】，进入"电扶梯"子系统主界面，如图1-20所示
3. 设备监视	系统显示电扶梯运行图示，开始监视自动扶梯、直梯设备运行状态或通过闭路电视（closed circuit television，CCTV）系统显示屏实时监视自动扶梯、直梯设备运行状态，如图1-21所示

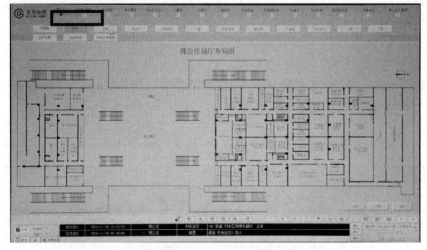

图1-19　单击【车站机电】

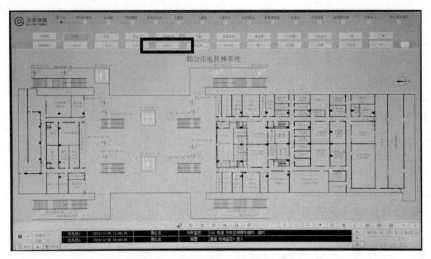

图 1-20 "电扶梯"子系统主界面

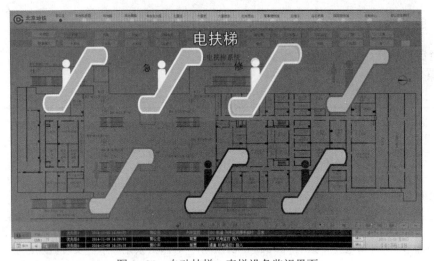

图 1-21 自动扶梯、直梯设备监视界面

2）标准

操作时应做到快速、熟练、准确，实现实时监视。

3）注意事项

按照运营时间，就地控制车站自动扶梯、自动人行步道等设备投入运行，并监视其运行情况。

2. 对自动扶梯、直梯设备故障及设备异常情况报警进行确认

1）操作步骤

程序（步骤）	内　　容
1. 报警确认	当 ISCS 中的 BAS 报警时，及时确认
2. 报警查找	在 ISCS 中单击【报警】按钮
3. 报警查询	系统自动弹出报警信息后，进行报警查询
4. 现场确认	若为自动扶梯、直梯报警，及时在"电扶梯"子系统中查看自动扶梯、直梯运行状态，并到达现场进行确认
5. 报警告知	现场确认后，将确认情况告知综控室室内的综控员

2）标准

确认报警时应做到快速、准确。

3）注意事项

当设备发生故障停机时，应立即到现场核实情况，在未确认故障问题已解决前，不得将设备重新投入运行，应及时向维修单位报修。

3. 对自动扶梯、直梯设备进行应急处置

1）操作步骤

程序（步骤）	内　容
1. 现场确认	当发生紧急情况时，车站工作人员须及时到达现场，并进行急停操作
2. 应急处置	在自动扶梯上下两端设置围挡
3. 重启	当紧急情况处理完毕后，对自动扶梯进行重新开启操作
4. 后期处置	撤除自动扶梯上下两端的围挡

2）标准

确认及处理紧急情况时应做到及时、快速、准确，按规定处理。

3）注意事项

（1）当发生紧急情况时，可进行急停操作，并在自动扶梯上下两端设置围挡。

（2）停止或启动自动扶梯时，须确认自动扶梯上无人后方可进行相应操作。

4. 当自动扶梯、直梯设备发生故障时进行报修、记录

1）操作步骤

程序（步骤）	内　容
1. 故障确认	发现设备故障后，准确了解故障现象，如自动扶梯急停、直梯报警等
2. 报修	及时通知设备维修单位进行维修
3. 先期处置	直梯在运行中发生故障时，综控员接到报警后，应立即通知车站工作人员到达现场，同时安抚轿厢内乘客，并向维修单位报修；设备维修单位应根据具体情况，先将轿厢内乘客救出，再进行设备抢修
4. 故障上报	将报告人所在车站、故障情况、故障时间及处理情况上报相关部门
5. 故障登记	记录详细故障情况，填写《设备故障报修登记簿》

2）标准

确认故障时应做到及时、准确；报修故障时应做到语言简练、规范、完整；记录故障时应做到语言准确，字体清晰、工整。

3）注意事项

（1）遇自动扶梯、直梯发生故障时与机电部门电梯组联系报修。

（2）当设备发生故障停机时，应立即到现场核实情况，在未确认故障问题已解决前，不得将设备重新投入运行，应及时向维修单位报修。

5. 当直梯设备发生故障时受理乘客招援

1）操作步骤

程序（步骤）	内　　容
1. 事实确认	当直梯在运行中发生故障无法到达基站时，综控员接到报警后，立即确认
2. 乘客安抚	立即通知车站工作人员到达现场，同时安抚轿厢内乘客
3. 实施救援	向维修单位报修，并进行故障上报、记录工作；维修单位应根据具体情况，先将轿厢内乘客救出，再进行设备抢修

2）标准

确认报警时应做到快速、及时；安抚乘客时应做到语言委婉，语速适中，切勿惊慌；报修故障时应做到语言简练、规范、完整；记录故障时应做到语言准确，字体清晰、工整。

3）注意事项

（1）当直梯发生故障时与机电部门电梯组联系报修；

（2）当设备发生故障停机时，应立即到现场核实情况，在未确认故障问题已解决前，不得将设备重新投入运行，应及时向维修单位报修。

☞ 任务评价

对自动扶梯、直梯设备进行监视和操作评价表

评价内容		评价标准	分　值	自评	他评
作业内容	对设备运行状态进行监视	操作时应做到快速、熟练、准确，实现实时监视	20		
	对设备故障及设备异常情况报警进行确认	确认报警时应做到快速、准确	20		
	对设备进行应急处置	确认及处理紧急情况时应做到及时、快速、准确，按规定处理	20		
	当设备发生故障时进行报修、记录	确认故障时应做到及时、准确	5		
		报修故障时应做到语言简练、规范、完整	10		
		记录故障时应做到语言准确，字体清晰、工整	5		
	当直梯设备发生故障时受理乘客招援	确认报警时应做到快速、及时	5		
		安抚乘客时应做到语言委婉，语速适中，切勿惊慌	5		
		报修故障时应做到语言简练、规范、完整	5		
		记录故障时应做到语言准确，字体清晰、工整	5		
总分			100		

评价自己对任务知识与技能的掌握程度，在下表相应空格里画"√"。

评价内容	差	合格	良好	优秀
对自动扶梯、直梯设备运行状态进行监视技能的掌握程度				
对自动扶梯、直梯设备故障及设备异常情况报警进行确认技能的掌握程度				
对自动扶梯、直梯设备进行应急处置技能的掌握程度				
当自动扶梯、直梯设备发生故障时进行报修、记录技能的掌握程度				
当直梯设备发生故障时受理乘客招援技能的掌握程度				
学习中存在的问题或感悟				

任务三 给排水设备监视和操作

👉 情景设置
假设地铁 6 号线某车站排水系统突然出现"跑水"现象，即将危害行车安全，综控员通过 BAS 及时发现了这个情况，作为车站工作人员，应该如何处理？

👉 任务布置
通过对给排水设备运行状态进行监视与控制，及时发现问题，并对给排水设备故障及设备异常情况报警进行确认，使用 ISCS 中的 BAS 点控启动排水设备，并上报相关信息，对给排水设备故障进行报修并记录。

👉 任务分解

一、给排水设备监视和操作流程

（1）给排水设备运行状态监视与控制流程如图 1-22 所示。

图1-22　给排水设备运行状态监视与控制流程

（2）给排水设备故障及设备异常情况报警确认流程如图1-23所示。

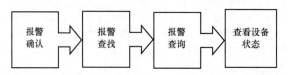

图1-23　给排水设备故障及设备异常情况报警确认流程

（3）使用ISCS中的BAS点控启动排水设备流程如图1-24所示。

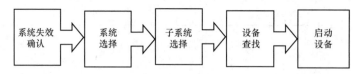

图1-24　使用ISCS中的BAS点控启动排水设备流程

（4）上报相关信息流程如图1-25所示。

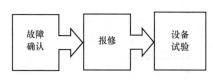

图1-25　上报相关信息流程

（5）当给排水设备发生故障时进行报修、记录流程如图1-26所示。

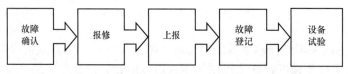

图1-26　当给排水设备发生故障时进行报修、记录流程

二、知识准备

给排水系统由给水系统和排水系统组成。给水系统包括消防给水系统和生产、生活给水系统。排水系统包括污水、废水、雨水及局部排水系统。给排水系统设备设施主要包括水泵、给排水管道、消防水池、阀门、地面管廊、地面井、消火栓、水泵结合器、电保温等。

给水系统应满足地铁生产、生活及消防用水的水量、水质、水压要求。正常运营时，向乘客及车站工作人员提供厕所冲洗等生活用水，设备工艺等生产用水，以及火灾时为消防救灾提供消防用水。

每座车站应从城市自来水管线网络引入两路独立的给水水源，当新建地铁不能满足车站两路水源供水时，应采用自备井或其他临时供水措施，以确保消防用水对水量、水压的要求。

请扫描二维码，
获取数字教学资源

1. 给排水系统图示状态介绍

1）第一类水泵（单泵）

第一类水泵包括污水泵、排水泵、废水泵、风亭排水泵、排雨泵、洞口排水泵等，主要为单泵设备，如图 1-27 所示。

图标	描述	颜色
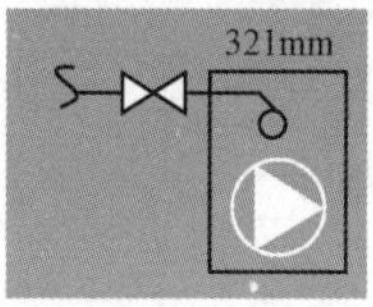 321mm	状态：停止 水位：正常	白色
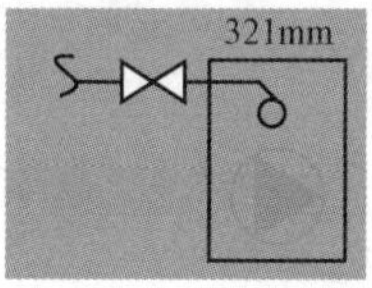 321mm	状态：运行 水位：正常	中海绿色
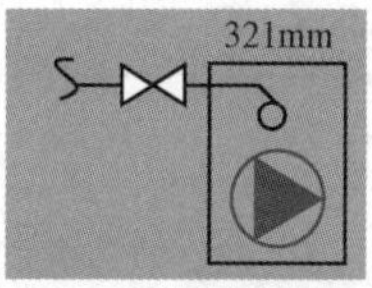 321mm	状态：设备故障 水位：正常	外框红色
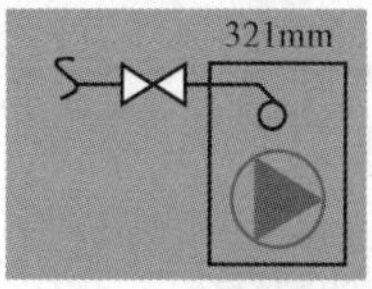 321mm	状态：通信故障 水位：正常	洋红色
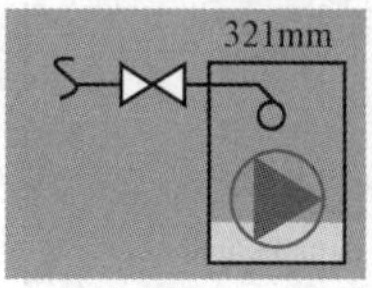 321mm	状态：通信故障 水位：低水位报警	洋红色 水为黄色
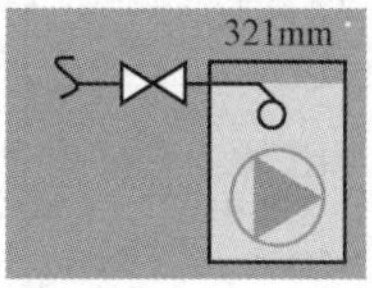 321mm	状态：运行 水位：高水位报警	中海绿色 水为黄色

图 1-27　第一类水泵（单泵）

2）第二类水泵（双泵）

第二类水泵主要为双泵设备，如图 1-28 所示。

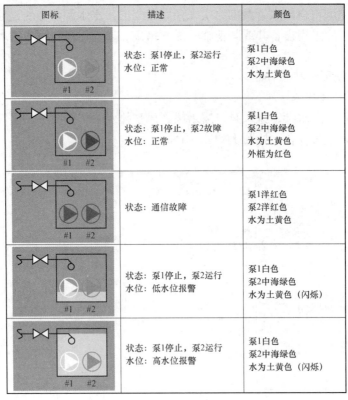

图标	描述	颜色
#1　　#2	状态：泵1停止，泵2运行 水位：正常	泵1白色 泵2中海绿色 水为土黄色
#1　　#2	状态：泵1停止，泵2故障 水位：正常	泵1白色 泵2中海绿色 水为土黄色 外框为红色
#1　　#2	状态：通信故障	泵1洋红色 泵2洋红色 水为土黄色
#1　　#2	状态：泵1停止，泵2运行 水位：低水位报警	泵1白色 泵2中海绿色 水为土黄色（闪烁）
#1　　#2	状态：泵1停止，泵2运行 水位：高水位报警	泵1白色 泵2中海绿色 水为土黄色（闪烁）

图 1-28　第二类水泵（双泵）

3）第三类水泵

第三类水泵主要为三泵设备，如图 1-29 所示。

图标	描述	颜色
321mm #1　#2　#3	状态： 　泵1停止， 　泵2运行， 　泵3故障， 水位：正常	泵1白色 泵2中海绿色 泵3红色 水为土黄色
321mm #1　#2　#3	状态：通信故障 水位：正常	泵1白色 泵2中海绿色 泵3红色 水为土黄色
321mm #1　#2　#3	状态： 　泵1停止， 　泵2运行， 　泵3故障， 水位：低水位报警	泵1白色 泵2中海绿色 泵3红色 水为土黄色（闪烁）
321mm #1　#2　#3	状态： 　泵1停止， 　泵2运行， 　泵3故障， 水位：高水位报警	泵1白色 泵2中海绿色 泵3红色 水为土黄色（闪烁）

图 1-29　第三类水泵（三泵）

4）电保温

电保温主要用于车站内消防、生产、生活用水管的保温。

请扫描二维码，获取数字教学资源

2. 水泵装置

1）水泵概述

地铁系统的水往往不能靠重力自行排出，必须依靠水泵抽送至地面市政管网，因此，为了保证地下建筑水资源的正常使用，水泵站在地铁系统中占有举足轻重的地位。地铁系统的生活废水、生活污水、洗消废水、生产废水、地面雨水、结构渗水的排水都必须依靠水泵提升至地面市政管网。地铁系统中的水泵主要有以下几种。

（1）厕所污水泵。厕所污水经集水池由厕所污水泵扬出，直接流入地面化粪池后排入市政污水管网。

（2）雨水泵。雨水经集水池由雨水泵排至地面市政雨水管网，雨水泵排水能力一般按城市 50 年一遇洪水量设计。

（3）废水泵。废水泵设在线路最低点，主要抽送道床中心排水沟内的水。

（4）小排水泵。小排水泵设在站台板下小排水处和个别低洼处，其将水抽至道床中心排水沟后，排入主排水泵站，一并排出。

（5）车站冷冻站排水泵。车站冷冻站排水泵将冷冻废水排到道床中心排水沟后送入主排水泵站或由水泵直接从风道竖井排到地面市政雨水管网。

2）常用泵概述

水泵按其工作原理分为叶片式水泵、容积式水泵及其他类型水泵，地铁系统所采用的水泵，大部分是离心水泵，属于叶片式水泵。

任务实施

一、自主补全以下流程

（1）补全给排水设备运行状态监视与控制流程。

（2）补全给排水设备故障及设备异常情况报警确认流程。

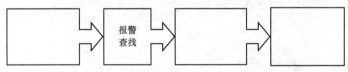

（3）补全使用 ISCS 中的 BAS 点控启动排水设备流程。

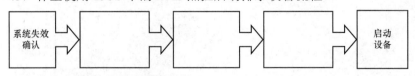

（4）补全上报相关信息流程。

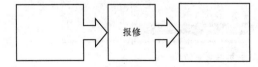

（5）补全当给排水设备发生故障时进行报修、记录流程。

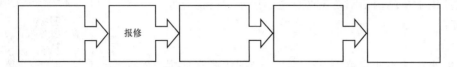

二、给排水设备监视和操作流程实操

1. 对给排水设备运行状态进行监视与控制

1）操作步骤

程序（步骤）	内　　容
1. 系统选择	在 ISCS 主界面中单击【车站机电】
2. 子系统选择	进入"车站机电"系统后，单击【给排水】，进入"给排水"子系统主界面，如图1-30 所示
3. 设备监视	对给排水设备进行监控，如图 1-31 所示

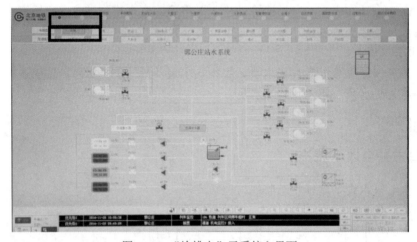

图 1-30　"给排水"子系统主界面

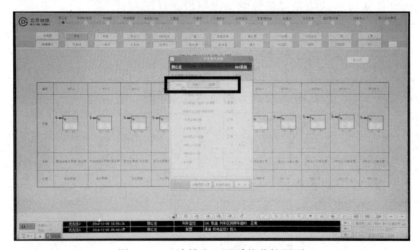

图 1-31　"给排水"子系统监控界面

信息栏内显示选中设备的运行状态和运行数据，操作控制栏可对该设备进行启动控制和停止控制，挂牌栏显示该设备的挂牌状态，需对该设备进行维修时，单击【挂牌】，此时，ISCS不能对该设备进行远程控制，检修完毕后进行摘牌操作，ISCS才可以对该设备进行远程控制。

2）标准

操作时应做到快速、熟练、准确，实现实时监视。

3）注意事项

给排水系统须按设计规定的方式运行，未经批准不得任意改变给水管网中阀门的工作状态。

2. 对给排水设备故障及设备异常情况报警进行确认

1）操作步骤

程序（步骤）	内　容
1. 报警确认	当ISCS中的BAS报警时，及时确认
2. 报警查找	在ISCS中单击【报警】按钮
3. 报警查询	系统自动弹出报警信息后，进行报警查询
4. 查看设备状态	若为给排水设备报警，及时在"给排水"子系统中查看给排水设备运行状态

2）标准应

确认报警时应做到快速、准确。

3）注意事项

（1）当给排水设备发生故障时，与机电部门联系报修。

（2）给水系统须按设计规定的方式运行，未经批准不得任意改变给水管网中阀门的工作状态。

3. 使用ISCS中的BAS点控启动排水设备

1）操作步骤

程序（步骤）	内　容
1. 系统失效确认	当排水设备自动启动失效时，采取点控方式启动排水设备
2. 系统选择	在登录状态下进入ISCS，单击【车站机电】
3. 子系统选择	进入"车站机电"系统后，单击【给排水】
4. 设备查找	进入"给排水"子系统主界面，双击【点控】按钮
5. 启动设备	在弹出的对话框中单击【点控】按钮，再单独启动排水设备

2）标准

操作时应做到快速、熟练、准确。

3）注意事项

（1）给排水系统须按设计规定的方式运行，未经批准不得任意改变排水管网中阀门的工作状态。

（2）当车站给排水系统自动启动失效时，综控员须根据调度命令采用点控方式启动给排水设备。

4. 上报相关信息

1）操作步骤

程序（步骤）	内　　容	图例
1. 故障确认	当给排水设备发生故障时，及时确认	
2. 报修	将报告人所在车站、故障情况、故障时间及处理情况上报相关部门，详细记录故障情况，填写《设备故障报修登记簿》	
3. 设备试验	故障修复后进行试验，确认无误后，进行上报	

2）标准

确认故障时应做到及时、准确；上报故障时应做到语言简练、规范、完整；记录故障时应做到语言准确，字体清晰、工整。

3）注意事项

当车站设备发生故障时，除向维修单位及环控调度员报告外，还须向生产调度室报告。

5. 当给排水设备发生故障时进行报修、记录

1）操作步骤

程序（步骤）	内　　容
1. 故障确认	发现设备故障后，准确了解故障现象，如给排水设备不自动启动、ISCS上设备显示状态有误等
2. 报修	及时通知维修单位进行维修
3. 上报	将报告人所在车站、故障情况、故障时间及处理情况上报相关部门
4. 故障登记	记录详细故障情况，填写《设备故障报修登记簿》
5. 设备试验	故障修复后进行试验，确认无误后，进行上报

2）标准

确认故障时应做到及时、准确；报修故障时应做到语言简练、规范、完整；记录故障时应做到语言准确，字体清晰、工整。

3）注意事项

（1）遇给排水设备发生故障时与机电部门联系报修。

（2）给水系统应保证任何情况下不间断地安全供水，以满足消防、生产及生活用水的需要。

（3）给排水系统须按设计规定的方式运行，未经批准不得任意改变给排水管网中阀门的工作状态。

☞ **任务评价**

对给排水设备进行监视和操作评价表

评价内容		评价标准	分值	自评	他评
作业内容	对设备运行状态进行监视与控制	操作时应做到快速、熟练、准确，实现实时监视	20		
	对设备故障及设备异常情况报警进行确认	确认报警时应做到快速、准确	20		
	点控启动排水设备	操作时应做到快速、熟练、准确	20		
	上报相关信息	确认故障时应做到及时、准确	5		
		上报故障时应做到语言简练、规范、完整	10		
		记录故障时应做到语言准确，字体清晰、工整	5		
	当设备发生故障时进行报修、记录	确认故障时应做到及时、准确	5		
		报修故障时应做到语言简练、规范、完整	5		
		记录故障时应做到语言准确，字体清晰、工整	10		
总分			100		

评价自己对任务知识与技能的掌握程度，在下表相应空格里画"√"。

评价内容	差	合格	良好	优秀
对给水系统分类及构成知识的掌握程度				
对排水系统分类及构成知识的掌握程度				
对给排水设备运行状态进行监视与控制技能的掌握程度				
当给排水设备发生故障时进行报修、记录技能的掌握程度				
对点控启动排水设备技能的掌握程度				
学习中存在的问题或感悟				

任务四　通风空调设备监视和操作

☞ **情景设置**

2017 年 5 月 6 日，北京地铁 6 号线某列车因故障必须停在区间超过 4 min，在确认为长时间阻塞后，车站综控员接收了上级下达的按阻塞模式运行的指令，启动了相应车站的通风空调设备。当阻塞事故处理完毕，车站综控员停止了相应车站的通风空调设备运行。如果你是车站综控员，应该如何操作？

任务布置

对通风空调设备运行状态进行监视与控制，对通风空调设备故障及设备异常情况报警进行确认，对通风空调设备故障进行报修、记录，上报相关信息，最后，通过 ISCS 中的 BAS 点控启动通风空调设备。

任务分解

一、通风空调设备监视和操作流程

（1）通风空调设备运行状态监视与控制流程如图 1-32 所示。

图 1-32 通风空调设备运行状态监视与控制流程

（2）通风空调设备故障及设备异常情况报警确认流程如图 1-33 所示。

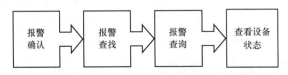

图 1-33 通风空调设备故障及设备异常情况报警确认流程

（3）使用 ISCS 中的 BAS 点控启动通风空调设备流程如图 1-34 所示。

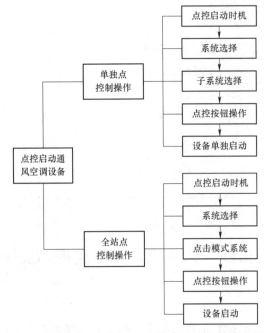

图 1-34 通过 ISCS 中的 BAS 点控启动通风空调设备流程

（4）上报相关信息流程如图 1-35 所示。

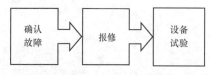

图 1-35　上报相关信息流程

（5）当通风空调设备发生故障时进行报修、记录流程如图 1-36 所示。

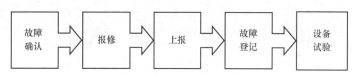

图 1-36　当通风空调设备发生故障时进行报修、记录流程

二、知识准备

1. 通风空调设备图示状态介绍

通风空调设备风机图示状态介绍如图 1-37 所示。

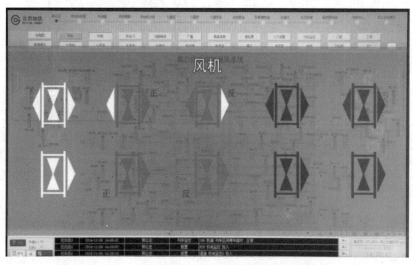

图 1-37　通风空调设备风机图示状态介绍

图中白色为正常停止状态；绿色为正常运行状态，蓝色"正"字标注表示正转，蓝色"反"字标注表示反转；红色为设备故障状态。

通风空调系统新风机组图示状态介绍如图 1-38 所示。

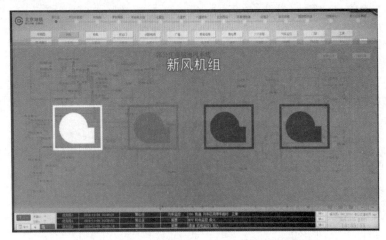

图1-38 通风空调系统新风机组图示状态介绍

图中粉红色为通信故障状态；白色为正常停止状态；绿色为正常运行状态；红色为设备故障状态。

通风空调系统设备风阀图示状态介绍如图1-39所示。

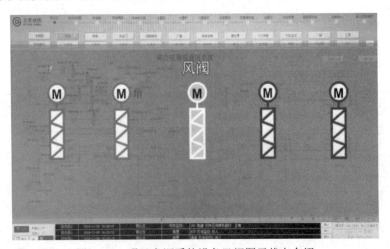

图1-39 通风空调系统设备风阀图示状态介绍

图中粉红色为通信故障状态；绿色为全开状态，蓝色"角"字标注表示角开状态；白色为闭位状态；红色为设备故障状态。

2. 通风空调设备组成

地铁通风空调设备由隧道通风设备、车站通风空调设备、车站设备及管理用房通风空调设备组成。通风空调设备主要包括冷水机组、风机、水泵、冷却塔等设备。

3. 通风空调设备控制范围

地下车站空气环境应采用通风空调设备进行控制，其调节范围包括站厅、站台、出入口、出入口通道、换乘厅及换乘通道、车站附属房间、区间隧道、折返线。地面及高架车站一般不设置通风空调设备。车站公共区域一般采用自然通风方式，当地面车站公共区域建筑结构较封闭时，应设置局部通风空调设备。

4. 通风空调设备功能

车站综控室应急控制盘（IBP 盘）应设置区间阻塞通风，车站风机正、反向排烟，专用排烟风机应急启动控制装置，具备发生故障或火灾情况下的紧急通风、排烟功能。

☞ **任务实施**

一、自主补全以下流程

（1）补全通风空调设备运行状态监视与控制流程。

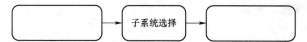

（2）补全通风空调设备故障及设备异常情况报警确认流程。

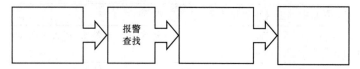

（3）补全使用 ISCS 中的 BAS 点控启动通风空调设备流程。

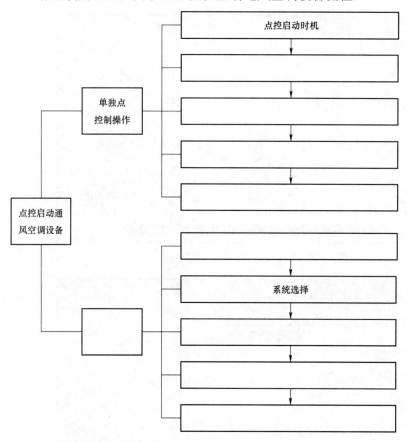

（4）补全上报相关信息流程。

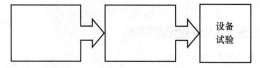

（5）补全当通风空调设备发生故障时进行报修、记录流程。

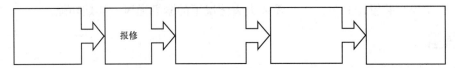

二、通风空调设备监视和操作流程实操

1. 对通风空调设备运行状态进行监视与控制

1）操作步骤

程序（步骤）	内　　　容
1. 系统选择	在 ISCS 主界面中单击【车站机电】
2. 子系统选择	进入"车站机电"系统后，单击【隧道通风/大系统/小系统】，进入"通风空调"子系统主界面，如图 1-40 所示
3. 设备监视	对通风空调设备进行监控，如图 1-41 所示

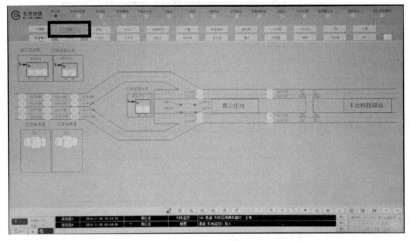

图 1-40　"通风空调"子系统主界面

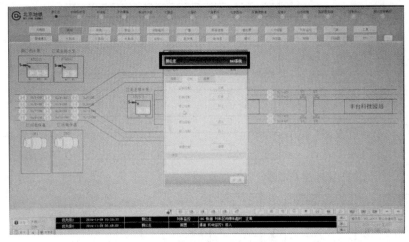

图 1-41　"通风空调"子系统监控界面

选中区间里的一个风机后，进行双击，将出现设备操作面板，信息栏中显示该风机的一些工作状态，包括它的运行状态、模式状态、风机运行时间、启动次数、转换开关远程/就地信息、故障状态、风机正转运行时间、风机反转运行时间、正转启动次数、反转启动次数。

单击控制栏，可以对风机进行控制，例如正转控制，单击【正转】，风机启动；单击【反转】，可以对风机进行反转控制；单击【停止控制】，风机将会停止；也可以退出控制，单击【退出】，就可以结束操作；单击【挂牌】，设备处于挂牌状态，设备维修单位便可以对设备进行维修，此时，将不能通过 ISCS 对该设备进行远程控制，检修完毕后，单击【摘牌】，可恢复 ISCS 对该设备的远程控制功能。

2）标准

操作时应做到快速、熟练、准确，实现实时监视。

3）注意事项

严禁擅自改变通风空调系统模式。

2. 对通风空调设备故障及设备异常情况报警进行确认

1）操作步骤

程序（步骤）	内　容
1. 报警确认	当 ISCS 中的 BAS 报警时，及时确认
2. 报警查找	在 ISCS 中单击【报警】按钮
3. 报警查询	系统自动弹出报警信息后，进行报警查询
4. 查看设备状态	若为通风空调设备报警，及时在"通风空调"子系统中查看通风空调设备运行状态

2）标准

确认报警时应做到快速、准确。

3）注意事项

当通风空调设备报警时，及时确认空调设备状态，确认为设备故障时，及时向维修单位报修。

3. 使用 ISCS 中的 BAS 点控启动通风空调设备

1）操作步骤

程序（步骤）		内　容	图例
单独点控制操作	1. 点控启动时机	当通风空调设备自动启动失效时，采取点控方式启动通风空调设备	
	2. 系统选择	在登录状态下进入 ISCS，单击【车站机电】	

程序（步骤）		内　容	图例
单独点控制操作	3. 子系统选择	进入"车站机电"系统后，单击【隧道通风/大系统/小系统】	
	4. 点控按钮操作	进入"通风空调"子系统后，双击【点控】按钮	
	5. 设备单独启动	在弹出的对话框中单击【点控】按钮，单独启动通风空调设备	
全站点控制操作	1. 点控启动时机	当通风空调设备自动启动失效时，采取点控方式启动通风空调设备	
	2. 系统选择	在登录状态下进入 ISCS，单击【车站机电】	
	3. 点击模式系统	进入"车站机电"系统后，单击【模式】	
	4. 点控按钮操作	进入"模式"系统后，单击【点控】，将系统改为点控模式	
	5. 设备启动	将系统改为点控模式后，进入"车站机电"系统，单击【隧道通风/大系统/小系统】，进入"通风空调"子系统主界面，单独启动通风空调设备	

2）标准

操作时应做到快速、熟练、准确。

3）注意事项

（1）严禁擅自改变通风空调系统模式。

（2）当车站通风空调自动启动失效时，综控员须根据调度命令通过点控方式启动通风空调设备。

4. 上报相关信息

1）操作步骤

程序（步骤）	内　容
1. 故障确认	当通风空调设备发生故障时，及时确认
2. 报修	将报告人所在车站、故障情况、故障时间及处理情况上报相关部门，详细记录故障情况，填写《设备故障报修登记簿》
3. 设备试验	故障修复后进行试验，确认无误后，进行上报

2）标准

确认故障时应做到及时、准确；上报故障时应做到语言简练、规范、完整；记录故障时应做到语言准确，字体清晰、工整。

3）注意事项

当车站设备发生故障时，除向维修单位及环控调度员报告外，还须向生产调度室报告。

5. 当通风空调设备发生故障时进行报修、记录

1）操作步骤

程序（步骤）	内　容
1. 故障确认	发现设备故障后，准确了解故障现象，如时间表控制时通风系统不自动启动、在 ISCS 中无法控制风机等
2. 报修	及时通知维修单位进行维修
3. 上报	将报告人所在车站、故障情况、故障时间及处理情况上报相关部门
4. 故障登记	记录详细故障情况，填写《设备故障报修登记簿》
5. 设备试验	故障修复后进行试验，确认无误后，进行上报

2）标准

确认故障时应做到及时、准确；报修故障时应做到语言简练、规范、完整；记录故障时应做到语言准确，字体清晰、工整。

3）注意事项

当通风空调设备报警时，应及时确认空调设备状态，确认为设备故障时，及时向维修单位报修。

☞ 任务评价

对通风空调设备进行监视和操作评价表

评价内容		评价标准	分 值	自评	他评
作业内容	对设备运行状态进行监视与控制	操作时应做到快速、熟练、准确,实现实时监视	15		
	对设备故障及设备异常情况报警进行确认	确认报警时应做到快速、准确	15		
	点控启动通风空调设备	操作时应做到快速、熟练、准确	20		
	上报相关信息	确认故障时应做到及时、准确	10		
		上报故障时应做到语言简练、规范、完整	10		
		记录故障时应做到语言准确,字体清晰、工整	5		
	当设备发生故障时进行报修、记录	确认故障时应做到及时、准确	10		
		报修故障时应做到语言简练、规范、完整	10		
		记录故障时应做到语言准确,字体清晰、工整	5		
总分			100		

评价自己对任务知识与技能的掌握程度,在下表相应空格里画"√"。

评价内容	差	合格	良好	优秀
对通风空调设备组成、功能知识的掌握程度				
对通风空调设备工作原理知识的掌握程度				
对通风空调设备运行状态进行监视与控制技能的掌握程度				
当通风空调设备发生故障时进行报修、记录技能的掌握程度				
对点控启动通风空调设备技能的掌握程度				
学习中存在的问题或感悟				

任务五　照明系统设备监视和操作

👉 情景设置

为节约能源，要关闭地铁 5 号线某站所有广告的照明，如果你是车站综控员，应该如何操作？

👉 任务布置

掌握照明系统的操作方法。

👉 任务分解

一、在照明系统中关闭广告照明的流程

在照明系统中关闭广告照明的流程如图 1-42 所示。

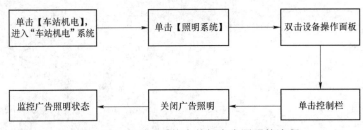

图 1-42　在照明系统中关闭广告照明的流程

二、知识准备

照明系统由车站、区间及附属用房所有照明灯具、照明配电箱及照明配电线路等组成。照明系统设备设施应符合有关规定，保持整洁完好，为地铁运营提供不间断的照明。

车站、区间的照明分为：正常照明、应急照明、值班照明、广告照明。正常照明包括工作照明、节电照明、设备及附属用房照明、安全照明、标志照明等。应急照明包括疏散照明、疏散指示照明。

请扫描二维码，获取数字教学资源

👉 任务实施

一、自主补全以下流程

补全在照明系统中关闭广告照明的流程。

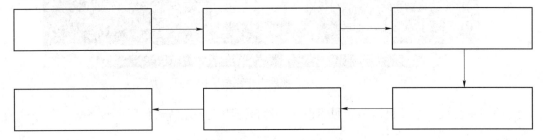

二、照明系统设备监视和操作流程实操

1. 对照明系统设备运行状态进行监视与控制

1) 操作步骤

程序（步骤）	内　　容
1. 系统选择	在 ISCS 主界面中单击【车站机电】
2. 子系统选择	进入"车站机电"系统后，单击【照明系统】，进入"照明"子系统主界面，如图 1-43 所示
3. 设备监视	对照明系统设备进行监控，见图 1-49

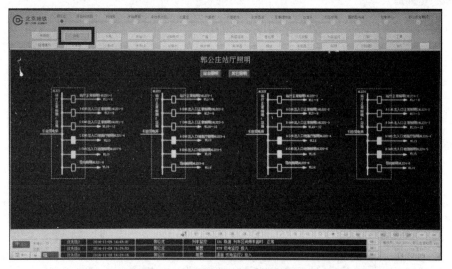

图 1-43　"照明"子系统主界面

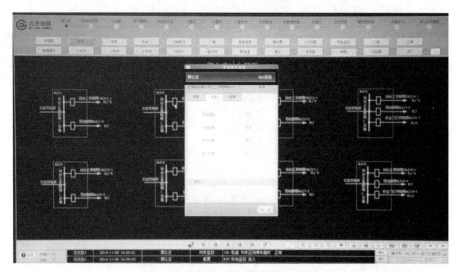

图 1-44　"照明"子系统监控界面

照明系统设备主要包括站厅照明设备、站台照明设备还有其他照明设备。

当需要开启或关闭某一区域的照明时，双击界面，将出现设备操作面板。信息栏主要显示该照明设备的工作状态；单击控制栏，可开启和关闭该区域的照明；当设备维修单位需要维修时，可以单击【挂牌】，此时不能通过 ISCS 进行远程控制，检修完毕后，单击【摘牌】，可恢复 ISCS 对该设备的远程控制功能。

2）标准

操作时应做到快速、熟练、准确，实现实时监视。

3）注意事项

严禁擅自改变照明系统模式。

2. 对照明系统设备故障及设备异常情况报警进行确认

1）操作步骤

程序（步骤）	内　　容
1. 报警确认	当 ISCS 中的 BAS 报警时，及时确认
2. 报警查找	在 ISCS 中单击【报警】按钮
3. 报警查询	系统自动弹出报警信息后，进行报警查询
4. 查看设备状态	若为照明系统设备报警，及时在"照明"子系统中查看照明系统设备运行状态

2）标准

确认报警时应做到快速、准确。

3）注意事项

当照明系统设备报警时，及时确认照明系统设备状态，确认为设备故障时，及时向维修单位报修，并进行先期处置。

3. 使用 ISCS 中的 BAS 点控启动照明系统设备

1）操作步骤

程序（步骤）		内　　容
单独点控制操作	1. 点控启动时机	当照明系统设备时间表失效时，采取点控方式启动照明系统设备
	2. 系统选择	在登录状态下进入 ISCS，单击【车站机电】
	3. 子系统选择	进入"车站机电"系统后，单击【照明系统】
	4. 点控按钮操作	进入"照明"子系统后，双击【点控】按钮
	5. 设备单独启动	在弹出的对话框中单击【点控】按钮，单独启动照明系统设备
全站点控制操作	1. 点控启动时机	当照明系统设备时间表失效时，采取点控方式启动照明系统设备
	2. 系统选择	在登录状态下进入 ISCS，单击【车站机电】
	3. 点击模式系统	进入"车站机电"系统后，单击【模式】
	4. 点控按钮操作	进入"模式"系统后，单击【点控】，将时间表模式改为点控模式
	5. 设备启动	将系统改为点控模式后，进入"车站机电"系统，单击【照明系统】，进入"照明"子系统主界面，单独启动照明系统设备

2）标准

操作时应做到快速、熟练、准确。

3）注意事项

（1）严禁擅自改变照明系统模式。

（2）当车站照明系统设备时间表失效时，综控员须根据调度命令通过群组模式控制方式或点控方式启动照明系统设备。

（3）照明系统控制方式分为三种，即时间表控制方式、群组模式控制方式、点控方式。正常情况下使用时间表控制方式，严禁擅自改变控制方式。

4. 上报相关信息

1）操作步骤

程序（步骤）	内　　容
1. 故障确认	当照明系统设备发生故障时，及时确认
2. 报修	将报告人所在车站、故障情况、故障时间及处理情况上报相关部门，详细记录故障情况，填写《设备故障报修登记簿》
3. 设备试验	故障修复后进行试验，确认无误后，进行上报

2）标准

确认故障时应做到及时、准确；上报故障时应做到语言简练、规范、完整；记录故障时应做到语言准确，字体清晰、工整。

3）注意事项

当车站设备发生故障时，除向维修单位及环控调度员报告外，还须向生产调度室报告。

5. 当照明系统设备发生故障时进行报修、记录

1）操作步骤

程序（步骤）	内　　容
1. 故障确认	发现设备故障后，准确了解故障现象，如照明时间表执行错误、车站部分/全部照明熄灭等
2. 报修	及时通知维修单位进行维修，若为照明熄灭，须在 ISCS 中进行开启照明操作，照明未能开启须立即赶赴照明配电间手动开启照明
3. 上报	将报告人所在车站、故障情况、故障时间及处理情况上报相关部门
4. 故障登记	记录详细故障情况，填写《设备故障报修登记簿》
5. 设备试验	故障修复后进行试验，确认无误后，进行上报

2）标准

确认故障时应做到及时、准确；报修故障时应做到语言简练、规范、完整；记录故障时应做到语言准确，字体清晰、工整。

3）注意事项

当照明系统设备报警时，应及时确认照明系统设备状态，确认为设备故障时，及时向维修单位报修，并进行先期处置。

6. 在照明配电间使用开关启动照明系统

1）操作步骤

程序（步骤）	内　　容
1. 使用条件	当车站照明系统时间表控制方式、群组模式控制方式及点控方式均失效时，及时去照明配电间的相应控制箱进行操作
2. 恢复送电	执行手动开启操作，恢复送电
3. 报修	向机电单位报修，并上报环控调度员，进行记录

2）标准

操作设备时应做到快速、熟练，上报故障时应做到语言简练、规范、完整；记录故障时应做到语言准确，字体清晰、工整。

3）注意事项

（1）严禁擅自改变照明系统模式。

（2）当车站照明设备故障时，须及时采用群组模式控制方式或点控方式启动照明系统设备，当两者均无法开启照明时，及时去照明配电间的相应控制箱，执行手动开启操作，恢复送电。

7. 当照明系统发生故障时进行应急处置

1）操作步骤

程序（步骤）	内　　容
1. 现场确认	发现车站照明部分/全部熄灭，车站工作人员应对照 BAS 图源显示，核实照明系统模式对照表，确认熄灭的照明回路
2. 开启操作	在 ISCS 工作站上对熄灭回路以群组模式控制方式或点控方式进行开启操作
3. 恢复送电	采用群组模式控制方式或点控方式操作后，该照明回路未正常开启，则工作人员应去照明配电间的相应控制箱，执行手动开启操作，恢复送电
4. 报修	向机电单位报修，并上报环控调度员，进行记录

2）标准

操作设备时应做到快速、熟练，上报故障时应做到语言简练、规范、完整；记录故障时应做到语言准确，字体清晰、工整。

3）注意事项

（1）若站台照明熄灭，引导乘客向站台内侧移动，沿疏散标志有序出站。

（2）根据现场客流情况，根据行车调度员指示，要求进站列车、站停列车、即将出站列车暂时停车，并开启列车全部照明（包括前后大灯），为疏散乘客提供照明。

（3）当车站照明系统设备发生故障时，须及时采用群组模式控制方式或点控方式启动照明系统设备，当两者均无法开启照明时，应及时去照明配电间的相应控制箱，执行手动开启操作，恢复送电。

👉 任务评价

关闭"广告照明"操作评价表

评价内容		评价标准	分 值	自评	他评
整体表现	形象	动作迅速，准确，利落	10		
作业内容	系统操作	准确单击【车站机电】	15		
		准确单击【照明系统】	15		
		准确双击设备操作面板	15		
		准确单击控制栏	15		
		准确关闭广告照明	15		
		准确监控广告照明状态	15		
总分			100		

评价自己对任务知识与技能的掌握程度，在下表相应空格里画"√"。

评价内容	差	合格	良好	优秀
对照明系统组成、工作原理知识的掌握程度				
对照明系统运行状态进行监视与控制技能的掌握程度				
当照明系统发生故障时进行报修、记录技能的掌握程度				
对在照明配电间使用开关启动照明系统技能的掌握程度				
对当照明系统发生故障时进行应急处置技能的掌握程度				
学习中存在的问题或感悟				

项 目 训 练

班级：　　　　　　　　姓名：　　　　　　　　训练时间：

任务训练单	环境与设备监控系统（BAS）运用
任务目标	掌握自动扶梯与直梯设备、给排水设备、通风空调设备、照明系统设备的相关知识，能进行自动扶梯与直梯、给排水设备、通风空调设备、照明系统设备的监视和操作

任务训练

任务训练说明：从下列任务中选择其中的两个进行训练。

自动扶梯与直梯设备监视和操作、给排水设备监视和操作、通风空调设备监视和操作、照明系统设备监视和操作

任务训练一：

（总结作业流程，并在实训室进行实操训练或在模拟软件上完成实操训练）

任务训练二：

（总结作业流程，并在实训室进行实操训练或在模拟软件上完成实操训练）

任务训练的其他说明或建议：

指导老师评语：

任务完成人签字：　　　　　　　　日期：　　年　　月　　日

指导老师签字：　　　　　　　　日期：　　年　　月　　日

项 目 小 结

本项目主要讲述了环境与设备监控系统（BAS）的运用，具体包括自动扶梯与直梯设备、给排水设备、通风空调设备，以及照明系统设备的监视和操作。

在进行监视和操作之前，我们需要了解、掌握该系统及其相关设备的基础理论知识。地铁电梯设备是地铁车站客运服务设施，为乘客出入地铁提供便利条件，其主要包括自动扶梯、自动人行步道和直梯。给排水系统由给水系统和排水系统组成，其中，抽升水的重要设备——水泵需要重点掌握。地铁通风空调系统由隧道通风系统、车站通风空调系统、车站设备及管理用房通风空调系统组成。照明系统由车站、区间及附属用房所有照明灯具、照明配电箱及照明配电线路等组成。

通过学习，我们可以对 BAS 及其相关设备进行监视与操作，本项目具体介绍了各子系统及相关设备运行状态监视与控制的内容、流程与标准，异常情况的报警确认，系统故障的报修、记录等知识与技能。

项目二　乘客信息系统（PIS）运用

案例导学 .....

　　通过项目一的学习，小明对本专业越来越有兴趣，经常去图书馆翻看相关专业书籍，在阅读乘客信息系统（passenger information system，PIS）相关资料时，他看到一个案例。案例中描述，某车站某天突然发生火灾，乘客陷入恐慌之中。车站工作人员立即启动预先设定的紧急灾难报警模式，发布乘客报警信息及人流疏导信息。最终通过努力，将乘客成功疏散到安全区域，没有造成人员伤亡。PIS 是什么，该系统是由哪些设备构成的？PIS 有哪些基本监控功能？PIS 又是怎么操作的呢？本模块将对 PIS 进行全面、系统介绍。

知识目标 .....

　　1. 熟悉 PIS 设备基本结构、组成及功能；
　　2. 掌握 PIS 设备的相关操作；
　　3. 熟悉 PIS 设备的基本监控功能。

技能目标 .....

　　1. 能对 PIS 设备的组成、功能有所了解；
　　2. 能对 PIS 设备运行状态进行监视；
　　3. 能在信息服务中心授权后按规定发布提示、预警信息。

建议学时 .....

　　6 学时

任务　乘客信息系统操作

情景设置

　　由于设备故障，地铁 5 号线某站上行列车延误 10 min，请用乘客信息系统发布延误信息，以便告知乘客。

任务布置

　　掌握通过乘客信息系统进行信息发布的操作技能。

☞ 任务分解

一、乘客信息系统信息发布的操作流程

乘客信息系统信息发布的操作流程如图2-1所示。

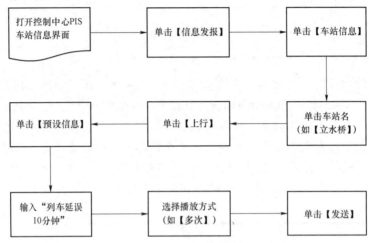

图2-1　乘客信息系统信息发布的操作流程

二、知识准备

1. PIS 图示状态介绍

请扫描二维码，
获取数字教学资源

1）总体说明

PIS 界面背景颜色通常为灰白色。

车站组群按钮和 PIS 按钮，其背景色为浅灰色，按钮为深灰色。当某按钮被选择时，该按钮呈"凹"状；当其没有被选择时，呈"凸"状。

人工信息输入文字为深灰色。

2）PIS 区域状态显示

PIS 区域状态显示如表2-1所示。

表2-1　PIS 区域状态显示

图标	描述	颜色
▬	PIS 区域设备正常	深绿色
▬	PIS 区域设备故障	红色

3）车站组群按钮

车站组群按钮如表2-2所示。

表 2–2 车站组群按钮

图标	描 述
全线 出入通道 全进站口 全出站口 全站厅 全上行 全下行	区域选择按钮： 全线所有区域 全线全站厅 全线全上行站台 全线全下行站台 全线全出入口

4）PIS 功能按钮

PIS 功能按钮如表 2–3 所示。

表 2–3 PIS 功能按钮

图标	功能描述	颜色
帮助	按此按钮调出有关 PIS 图标的详细描述	
状态	按此按钮显示 PIS 设备和显示板的故障状态	
发送 取消	按发送按钮发送信息，按取消按钮取消信息	
优先	按此按钮选择一个具有优先性的信息	
人工信息	按此按钮选择人工信息控制	
预设信息	按此按钮选择预定信息控制	
信息描述：	显示输入的信息描述	文字为蓝灰色
选择信息 信息号 信息描述 001 小心车门	选择信息的描述	文字为蓝灰色

2. PIS 概述

现代城市轨道交通系统的运营管理越来越注重对乘客的服务，越来越以服务为中心。一些著名的地铁十分注重以为乘客服务为主要内涵的乘客信息系统（PIS）的建设。地铁运营正在从以车辆为中心的运营模式向以乘客服务为中心的运营模式发展。PIS 采用成熟可靠的网络技术和多媒体传输、显示技术，在指定的时间，将指定的信息显示给指定的人群。

乘客信息系统显示终端包括地铁运营区域内安装的等离子显示屏 PDP（LCD 液晶屏）、高亮全彩 LED 屏、列车 LCD 液晶显示屏等，在正常情况下，可提供时间信息、政府公告、媒体新闻、广告等实时多媒体信息；在火灾、阻塞及恐怖袭击等情况下，提供动态紧急疏散指示。PIS 为乘客提供上述各类信息，为乘客乘坐地铁提供全面的导向信息服务，使乘客安全、高效地在地铁中活动，使地铁车辆高效、安全地运营。

☞ 任务实施

一、自主补全以下流程

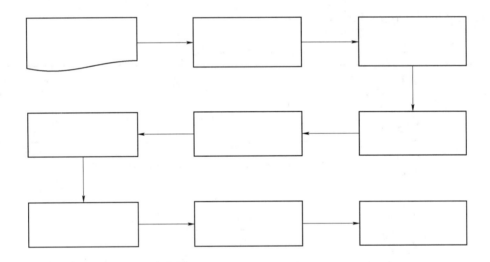

二、PIS 监视与操作流程实操

1. 对 PIS 设备运行状态进行监视

1）操作步骤

程序（步骤）	内　　容
1. 登录	在 PIS 监控工作站上登录 PIS 监控界面
2. PIS 监视设备运行	在 PIS 监控界面上监视 PIS 运行状态
3. CCTV 监视设备运行	通过 CCTV 设备监视 PIS 运行状态

2）标准

监视时应做到认真、仔细；操作时应做到及时、准确。

3）注意事项

车站级综合监控系统并没有为 PIS 留有接口，因此车站级综合监控系统不能对 PIS 进行监控。对于车站 PIS，通过 PIS 提供的监控工作站进行监控。

2. 车站信息操作步骤

1）打开并进入控制中心/后备中心 PIS 车站信息界面

在主界面上单击子系统导航栏中的 信息发报 按钮，左下方出现 车站信息 、 车载信息 和 信息状态 三个按钮，再选择 车站信息 按钮进入图 2-2 所示界面。

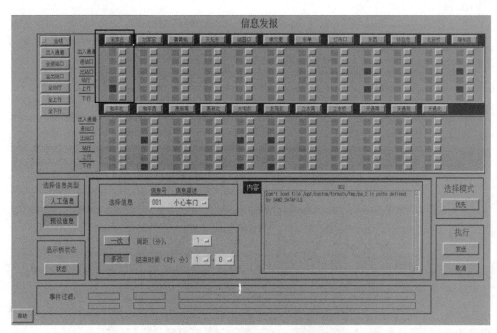

图 2-2　信息发报的车站信息界面

2）信息发送区域的选择

（1）特定区域选择。左上方的特定区域中设置有【全线】【出入通道】【全进站口】【全出站口】【全站厅】【全上行】【全下行】。

操作方式：单击【全线】按钮，可实现对正线所有车站的显示区域进行选择；再次单击【全线】按钮，则取消对正线所有车站的显示区域的选择。

（2）车站区域选择。在车站列表中对车站的信息发送区域进行选择，可对整个车站进行选择或对车站内的某个区域进行选择。

单击车站列表中的车站名，实现对正线任一个车站的全部信息显示区的选择。

单击车站列表中车站的"出入通道""进站口""出站口""站厅""上行""下行"复选框，实现对正线任一个车站（现以宋家庄站为例）的若干个信息显示区（现以"上行"站台为例）的选择。

3）信息类型的选择

（1）预置信息。选择信息发送区域后，在 HMI 上的选择信息类型区域中单击 预设信息 ，之后在选择信息栏中选择 001　小心车门 ，在内容栏中显示信息的内容。若只播放一次，则选择播放方式为"一次"；若要执行多次播放，则将播放方式选择为"多次"，然后设置间距时间（如 ⬚ ）和结束时间（如 ⬚ ），最后单击【发送】。

（2）人工信息。选择信息发送区域后，在 HMI 上的选择信息类型区域中单击 人工信息 ，之后在内容栏中输入显示信息的内容，若只播放一次，则选择播放方式为"一次"；若要执行多次播放，则将播放方式选择为"多次"，然后设置间距时间（如 ⬚ ）和结束时间（如 ⬚ ），最后单击【发送】。

4）模式的选择

选择信息发送区域，信息类型后，单击选择模式栏中的 优先 按钮，最后单击 发送 ，发送的信息将标识为最高优先级。

5）状态显示

在车站列表区域中，每个分区的 PIS 设备状态会在界面上显示，分区方框图的颜色表示设备处于故障状态或正常状态等不同情况。

6）显示板状态显示

在界面中单击显示板状态栏中的 状态 按钮进入图 2-3 所示界面。

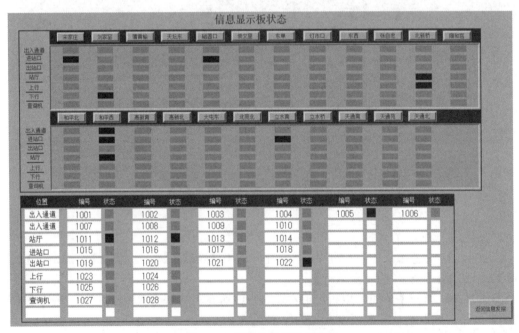

图 2-3　信息显示板状态界面

界面分为两部分，上半部分为全线各站的 PIS 区域状况图，单击站名按钮，下半部分将显示该站 PIS 区域编号及状态。

3. 信息状态功能操作步骤

1）打开并进入控制中心/后备中心 PIS 车站信息界面

在主界面上单击子系统导航栏中的 信息发报 按钮，左下方出现 车站信息 、 车载信息 和 信息状态 三个按钮，再选择 信息状态 按钮进入图 2-4 所示界面。

图2-4 信息发报的信息状态界面

界面中显示信息的来源、信息号、信息描述、目的地、模式、间距和结束时间等。

2）详细内容显示

在信息发报状态区域选择要编辑的显示事件，通过单击 显示内容 ，进入显示内容界面，可查看信息发送的区域。内容界面中有【返回发报状态】和【中断发报】按钮进行选择，实现将发报信息退回上级和终止信息发送功能。

☞ 任务评价

乘客信息系统操作评价

评价内容		评价标准	分值	自评	他评
整体表现	形象	动作迅速、准确、利落	10		
作业内容	信息发布操作流程	准确打开控制中心 PIS 车站信息界面	10		
		准确单击【信息发布】	10		
		准确单击【车站信息】	10		
		准确单击车站名（如【立水桥】）	10		
		准确单击【上行】	10		
		准确单击【预设信息】	10		
		准确输入"列车延误 10 分钟"	10		
		准确选择播放方式（如【多次】）	10		
		准确单击【发送】	10		
总分			100		

评价自己对任务知识与技能的掌握程度，在下表相应空格里画"√"。

评价内容	差	合格	良好	优秀
对 PIS 概念、构成知识的理解与掌握程度				
对车站 PIS 信息显示范围知识的理解与掌握程度				
对 PIS 监视与操作技能的掌握程度				
学习中存在的问题或感悟				

项 目 训 练

班级：　　　　　　　姓名：　　　　　　　训练时间：

任务训练单	乘客信息系统（PIS）运用
任务目标	掌握乘客信息系统（PIS）结构、组成及功能知识、能进行乘客信息系统（PIS）设备基本操作

任务训练

任务训练说明：完成以下两个训练任务。

乘客信息系统（PIS）监视操作、乘客信息系统（PIS）界面操作

任务训练一：

（总结作业流程，并在实训室进行实操训练或在模拟软件上完成实操训练）

任务训练二：

（总结作业流程，并在实训室进行实操训练或在模拟软件上完成实操训练）

任务训练的其他说明或建议：

指导老师评语：

任务完成人签字：　　　　　　　　　　日期：　　年　　月　　日

指导老师签字：　　　　　　　　　　　日期：　　年　　月　　日

项 目 小 结

　　本项目主要介绍了乘客信息系统（PIS）的运用，具体包括乘客信息系统（PIS）监视操作、乘客信息系统（PIS）界面操作。

　　PIS 由中心系统、现场系统两级构成，其显示范围包括车站站厅、车站上行站台、车站下行站台、车站出入口通道等。应熟练掌握 PIS 车站信息发送功能操作技能。

项目三　公共广播（PA）系统运用

案例导学 ....

　　十一期间，小明的朋友来北京玩，小明陪朋友坐地铁到天安门游玩。在搭乘地铁的过程中，小明的朋友问小明："你学的是城市轨道交通类专业，能给我介绍一下地铁车站广播跟平常的广播有什么区别吗？"这个问题把小明难住了，自己才入学不久，虽然自己平时经常去图书馆自学，但是对车站广播系统没有什么研究。小明只好说："我对这个方面了解不多，只知道比平常的广播要复杂得多。至于广播系统都有哪些设备、这个系统是怎么进行监视和操作的，等我有空查查资料或者问问老师再告诉你吧。"

　　本项目将介绍公共广播（public address, PA）系统图示的说明、界面类型、基本功能，以及基本监控功能操作等知识与技能。

学习目标

1. 熟悉 PA 设备的界面和基本功能；
2. 掌握 PA 设备的相关操作。

技能目标 ....

1. 对 PA 设备的界面和基本功能有所了解；
2. 熟悉 PA 设备的基本监控界面；
3. 能使用 PA 设备对车站进行实时广播。

建议学时 ....

6 学时

任务　车站广播系统操作

👉 情景设置

　　由于设备故障，地铁 5 号线某站即将停运。请你用 ISCS 提供的控制中心及车站的公共广播系统播放相应的信息，告知乘客即将停运的消息，并通知乘客可以改乘其他交通工具。

👉 任务布置

　　能使用公共广播系统设备对车站进行实时广播。

📖任务分解

一、车站公共广播流程

车站公共广播流程如图 3-1 所示。

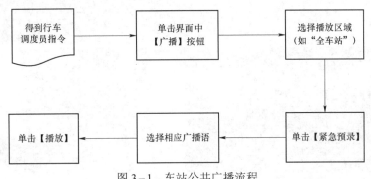

图 3-1 车站公共广播流程

二、知识准备

1. 公共广播系统概述

公共广播系统主要用于对车站内的乘客及工作人员进行数码语音预录 请扫描二维码，
及实时等广播，是中央控制中心（operation control center，OCC）调度员和车 获取数字教学资源
站值班员对站内乘客及工作人员进行公共语音广播的主要设备，需要时可对
车站乘客公共区域播放背景音乐。公共广播系统包括正线广播系统、车辆段
广播系统、停车场广播系统、列车广播系统。正线广播系统包括 OCC 和全
线车站的广播设备，OCC 可对全线车站进行语音广播，车站端只能对本站进
行语音广播。车辆段/停车场广播系统仅可在段场内进行语音广播。列车司机可使用列车广播
系统向车厢内的乘客进行信息自动广播，遇自动广播故障时，可使用人工广播。

目前车站广播以综合监控终端设备操作为主，车站广播后备盒（见图 3-2）设备操作
为辅。

图 3-2 车站广播后备盒

图 3-2　车站广播后备盒（续）

2. 综合监控终端设备车站广播系统界面

综合监控终端设备车站广播系统界面如图 3-3 所示。

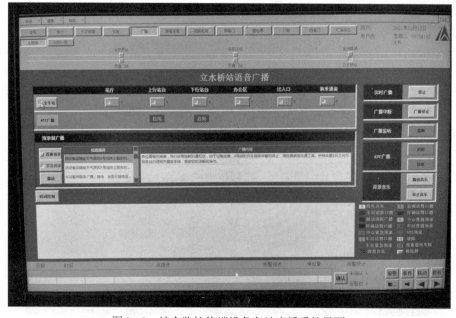

图 3-3　综合监控终端设备车站广播系统界面

👉 任务实施

一、自主补全以下流程

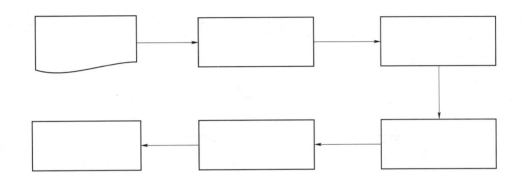

二、PA 系统设备操作流程实操

使用综合监控终端设备车站广播系统界面进行车站公共广播操作流程如下。

（1）选择广播播放的区域。

（2）选择"普通预录"或"紧急预录"。

（3）选择相应的广播语。

项 目 训 练

班级：　　　　　　　　姓名：　　　　　　　　训练时间：

任务训练单	公共广播（PA）系统运用
任务目标	掌握 PA 系统界面和基本功能，使用 PA 系统设备进行车站公共广播

任务训练

任务训练说明：完成以下两个训练任务。

PA 系统基础知识、使用 PA 系统设备进行车站公共广播

任务训练一：

（总结作业流程，并在实训室进行实操训练或在模拟软件上完成实操训练）

任务训练二：

（总结作业流程，并在实训室进行实操训练或在模拟软件上完成实操训练）

续表

任务训练的其他说明或建议：				

指导老师评语：

任务完成人签字：	日期：	年	月	日
指导老师签字：	日期：	年	月	日

项 目 小 结

　　本项目主要介绍了公共广播（PA）系统的运用，具体包括 PA 系统界面认知、使用 PA 系统设备进行车站公共广播的步骤。

　　在掌握 PA 系统设备使用方法之前，我们首先要了解并掌握 PA 系统的相关基础理论知识。公共广播系统包括正线广播系统、车辆段及停车场广播系统、列车广播系统。目前车站广播以综合监控终端设备操作为主，车站广播后备盒设备操作为铺。

项目四　闭路电视（CCTV）系统运用

案例导学

　　随着学习的深入，老师准备带同学们去北京地铁综控室参观学习。大家来到综控室，映入眼帘的是一个个监视器屏幕，上面有线路运行情况，车站客流情况，还有各个设备按钮、应急手台（手持电台）等。小明对着监视器非常好奇，一直暗自研究。车站工作人员看他非常感兴趣，主动告诉他，他盯着看的是闭路电视（CCTV）系统，通过这个系统可以看到车站里客流情况、列车在车站的运行情况等，如果列车在车站出现异常情况，可以通过该系统的监视功能及时发现并通知相关部门进行处理。

　　本项目主要对闭路电视（CCTV）系统的运用进行详细介绍，帮助学生掌握使用闭路电视（CCTV）系统设备对各设备或状态进行监视的流程。

学习目标

　　1. 熟悉 CCTV 系统设备的基本结构、组成及功能；
　　2. 掌握 CCTV 系统监视与操作流程。

技能目标

　　1. 能使用 CCTV 系统设备对列车运行状态进行监视；
　　2. 能使用 CCTV 系统设备对客流状况进行监视；
　　3. 能使用 CCTV 系统设备对客运组织现场情况进行监视；
　　4. 能使用 CCTV 系统控制台或 ISCS 系统 CCTV 控制界面进行画面切换、缩放、追踪操作。

建议学时

　　8 学时

任务一　使用 CCTV 系统对设备或状态进行监视

👉 **情景设置**

　　假设冬奥会期间，需要知道北京地铁奥林匹克公园站站台上的客流状态，应如何实施监测？

👉 **任务布置**

　　在大型活动期间、重要节假日及平日高峰时段，要对地铁车站站台上的列车运行状态、客运组织现场和客流状态进行有效监测，以保证列车运行安全。

👉 任务分解

一、使用 CCTV 系统对设备或状态进行监视流程

使用 CCTV 系统对设备或状态进行监视流程如图 4-1 所示。

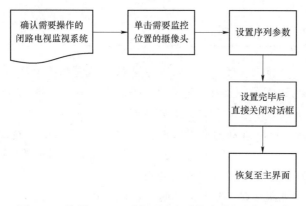

图 4-1　使用 CCTV 系统对设备或状态进行监视流程

二、知识准备

闭路电视系统是保证城市轨道交通运营安全的重要手段，其给运营管理者、调度员和值班员提供直观、实时、真实的现场画面。中央控制中心（OCC）可通过综合监控系统（ISCS）工作站监视车站客流情况、乘客上下车情况，并具备对正线列车内情况的监视功能；车站可通过视频监视器和综合监控系统（ISCS）工作站监视车站客流情况、乘客上下车情况，设备集中站具备对管辖区域内车站的情况进行视频监视的功能；列车司机室具备对本列车车厢内的情况进行视频监视的功能。在上、下行站台头端墙设置站台监视器，便于司机监视乘客上下车和屏蔽门开关情况。

（1）综控员通过车站视频监视设备，随时了解本站客流变化情况，及时疏导乘客，通过公共广播系统播出乘车注意事项等。

（2）综控员监视无人值守机房的重点设备情况，发现故障或异常情况及时报修。

（3）为了减少综控员的工作量，CCTV 系统通过显示序列，可以根据事先定义好的顺序，自动轮流显示不同摄像机的画面。显示序列分为固定序列和人工序列两类。固定序列是事先定义好，不可被综控员修改的序列；人工序列是可以由综控员自己修改的序列。

（4）如果所编辑的人工序列编号与已定义的人工序列编号相同，则新序列将替换原序列；如果不相同，则增加新序列。

（5）车站 CCTV 系统用于对本车站内摄像机进行选择、控制，本车站综控员只可以看到本车站摄像机的画面。

（6）固定摄像机不具有运动能力，一旦安装完成，无法改变拍摄角度。云台摄像机又称"PTZ 摄像机"，可以通过 CCTV 系统对摄像机进行控制，包括水平转动、上下转动、远近调整等。

任务实施

一、自主补全以下流程

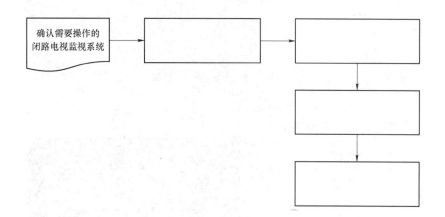

二、闭路电视监视系统操作

闭路电视监视系统主界面主要由菜单栏、摄像机列表及监控画面显示区组成。

1. 监控画面显示区的显示方式

目前监控画面显示区的显示方式（见图 4-2）共有三种：单画面、四画面及九画面，用右键单击监控画面显示区，选择显示方式即可切换至相应显示方式。

图 4-2　监控画面显示区的显示方式

2. 监控画面显示区的显示

如图 4-3 所示，在摄像机列表中单击需要监控位置的摄像头，即可显示相应监控画面。

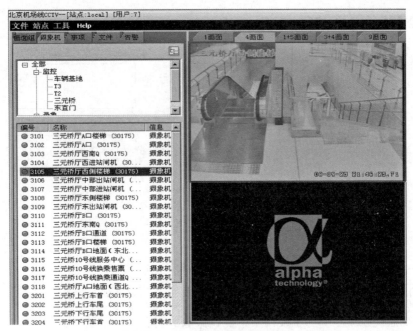

图4-3 在摄像机列表中单击需要监控位置的摄像头

3. 设置序列

将光标移至屏幕底部，会浮现隐藏菜单栏，单击【参数设置】|【编辑序列】，如图4-4所示。

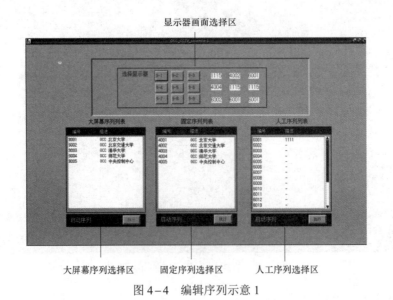

图4-4 编辑序列示意1

在序列列表中单击右键后选择添加序列（当需要删除序列时，用右键单击已设置好的序列后选择删除），在摄像头列表中点选需要设置成序列的摄像头，可设置持续显示时间，如图4-5所示。

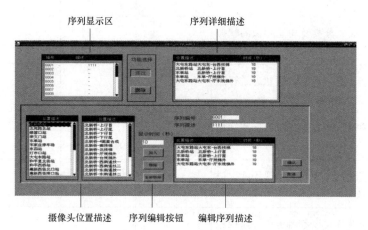

图 4-5　编辑序列示意 2

设置完毕后直接关闭对话框，恢复至主界面，然后单击【序列】，选择相应的显示屏后，单击【启动序列】，即可按照设置要求进行轮切。

任务评价

使用 CCTV 系统对设备或状态进行监视操作评价

评价内容		评价标准	分 值	自评	他评
整体表现	形象	动作舒展，准确，利落	5		
作业内容	对各设备或状态进行监视	准确确认需要操作的闭路电视监视系统	15		
		准确选择监控画面显示区的显示方式	20		
		准确单击需要监控位置的摄像头	20		
		准确设置序列参数	10		
		设置完毕后直接关闭对话框	5		
		顺利恢复至主界面	5		
		在 30 s 内操作完成	10		
		操作规范，一次成功	10		
总分			100		

评价自己对任务知识与技能的掌握程度，在下表相应空格里画"√"。

评价内容	差	合格	良好	优秀
对 CCTV 系统组成、分类及功能知识的掌握程度				
使用 CCTV 系统设备对列车运行状态进行监视技能的掌握程度				
使用 CCTV 系统设备对客流状况进行监视技能的掌握程度				
使用 CCTV 系统设备对客运组织现场情况进行监视技能的掌握程度				
使用 CCTV 系统设备对设备用房进行监视技能的掌握程度				
学习中存在的问题或感悟				

任务二　CCTV 系统基本监控功能操作

☞ 情景设置

假设在地铁车站运营时段，某车站一名乘客丢失了一串钥匙，其不知道是在站内的哪个位置丢失的，需要地铁工作人员通过监控设备帮助寻找。

☞ 任务布置

掌握 CCTV 系统基本监控流程，准确进行相关功能操作。

☞ 任务分解

一、CCTV 系统基本监控流程

CCTV 系统基本监控流程如图 4-6 所示。

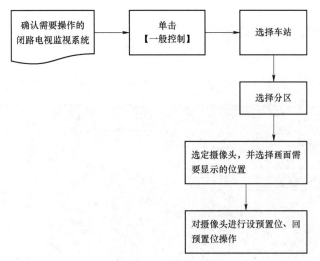

图 4-6　CCTV 系统基本监控流程

二、知识准备

一般控制功能是指操作员对选定的摄像头进行设预置位，回预置位，调光圈、焦距，变焦等操作，并把选定的摄像头拍摄的画面投放在选择的显示器或大屏幕上。

1. CCTV 序列控制功能

序列控制功能是指操作员可以把一组摄像头进行排列，"组列"在一个显示器中循环播出，或把已"组列"的摄像头在一个显示器中循环播出。其中已"组列"的摄像头顺序称为固定序列，操作员人为"组列"的摄像头顺序称为人工序列。

2. CCTV 一般控制功能

操作员既可以编辑人工序列，也可以通过序列编辑功能界面，根据实际需求修改摄像头序列位置。

任务实施

一、自主补全以下流程

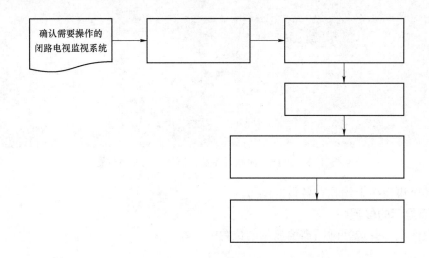

二、CCTV 一般控制功能操作

1. 进入界面

单击【一般控制】，如图 4-7 所示，打开控制中心 CCTV 一般控制操作界面。

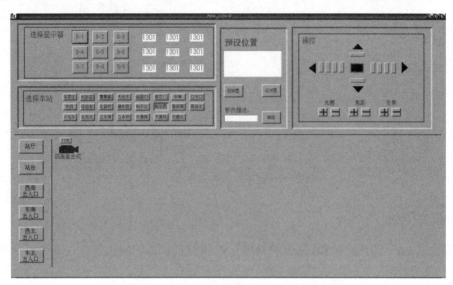

图 4-7　CCTV 一般控制操作界面

2. 选择车站

单击车站区域的车站按钮，以和平西站为例，选择后，和平西站按钮呈凹状，底色为土黄色，而未选择的车站，按钮呈凸状，底色为灰白色。

3. 选择分区

选择好车站后，选择车站的分区。选择后，摄像头选择区域的界面出现各分区的平面布置图及各摄像头的相对位置。

以站厅为例，选择站厅分区后，出现图 4-8 所示界面。

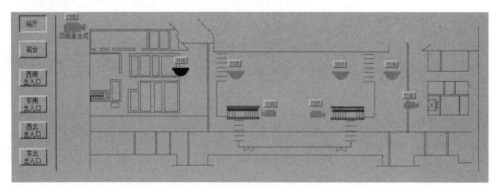

图 4-8　站厅平面布置图及各摄像头的相对位置

图中各个摄像头上均具有各自的编号。

4. 选择显示的位置

选定摄像头，并选择画面需要显示的位置。

例如我们对编号为 1116 的摄像头进行操作，将其选择到编号为 9-1 的显示器中显示，那么在选择显示器区域出现图 4-9 所示界面。

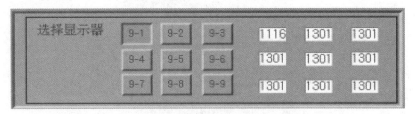

图 4-9　选择到编号为 9-1 的显示器中显示

其中摄像头的编号 1116 将出现在底色为白色的编号显示框内。同时在预设位置区域出现图 4-10 所示界面。

图 4-10　预设位置界面

预设位置区域会出现编号为 0 到 4 的共 5 个预设位置。每个预设位置有个默认值。

5. 对摄像头进行设预置位、回预置位操作

1）设预置操作

系统对每个预设位置有个默认值。如果操作员需要对预设位置进行改变，应进行下列操作。

（1）选定预设位置编号。

（2）通过操作操控区域的上、下、左、右按钮把摄像头转到想要的位置，然后按预设位置区域的 [设预置] 按钮，那么目前摄像头的位置就被选为当前编号的预设位置。

2）回预置操作

如果操作员已对摄像头进行了转动，想回到预设的位置，那么只需要按预设位置区域的 [回预置] 按钮，摄像头就可以快速回到预设位置。

对摄像头进行的 P/T/Z（pan/tilt/zoom，全方位移动/变倍/变焦）操控，选定摄像头后，就可以到操作区域对摄像头进行操控。操控动作主要有水平转动、垂直转动、光圈调节、焦距调节和变焦调节等动作。

3）**转动操控（水平/垂直转动）**

按操控区域中的 [◀ ▐▐▐▐ ▬ ▐▐▐▐ ▶] 按钮，可以对摄像头进行水平向左或向右操作。

按下按钮后，底色为土黄色，如图4-11所示。

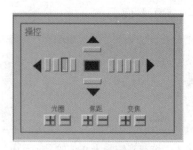

图4-11　转动操控界面

通过对摄像头进行水平、垂直操作后，可以使摄像头瞄准某一方向，如果需要对某一物体进行拉近或拉远观看，则分别按操控区域的 ，就可达到预期的效果；如果想对某一物体进行更清楚的观看，则分别按操控区域的 ，以达到预期的效果；如果要对画面进行亮度调节，则分别按操控区域的 进行调节。

三、CCTV 序列控制功能操作步骤（以控制中心的行车调度员操作为例）

1. 进入界面

单击【序列控制】按钮，打开 OCC 序列控制界面，如图4-12所示。

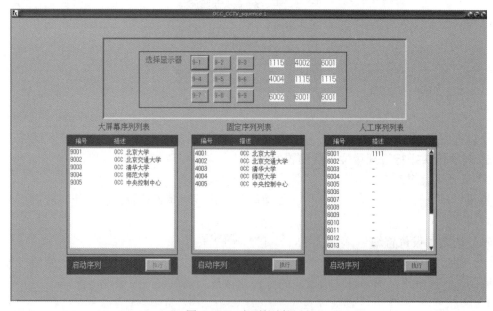

图4-12　序列控制界面

2. 选择显示器

在显示器选择区域选择需要显示的显示器。

3. 选择固定序列或人工序列

选择固定序列列表或人工序列列表（对于具有大屏操作控制权限的人员可选择大屏幕序列列表）中的某个控制序列，然后分别按固定序列列表或人工序列列表下的 执行 按钮，在选定的显示器上（或显示区域）将按照序列显示该组摄像头的各个画面。

四、CCTV 序列编辑功能操作步骤

1. 进入界面

单击【编辑】按钮，打开 OCC 序列编辑功能界面，如图 4-13 所示。

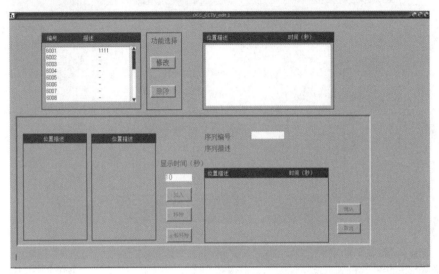

图 4-13　序列编辑功能界面

2. 选择序列编号

选择序列编号如图 4-14 所示。

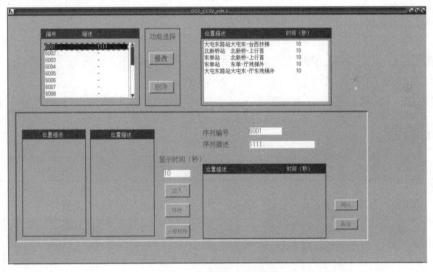

图 4-14　选择序列编号

3. 编辑序列

选择好序列编号后，界面右上方的位置描述区域会显示当前该编号的详细序列信息，包括车站、摄像头位置、持续时间（以秒为单位）等信息。

1）删除序列

如果要删除序列内容，则在功能选择区域按 删除 按钮，删除序列。

2）修改序列

如果要修改序列内容，则在功能选择区域按 修改 按钮，修改序列如图4-15所示。

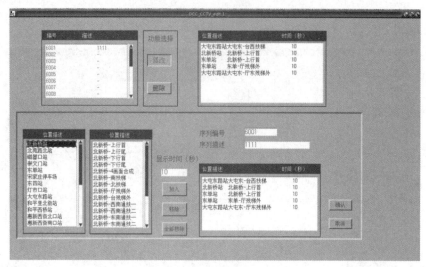

图4-15　修改序列

界面左下方的两个位置描述区域显示了很多信息，其中左下方第一个位置描述区域显示了所有车站名称，左下方第二个位置描述区域显示了每个车站的所有摄像头位置信息。

通过按界面中下方的 加入 和 移除 按钮，把想要的序列内容加到界面右下方的位置描述区域（或从右下方的位置描述区域中删除）。右下方的位置描述区域的时间信息通过界面中下方的 显示时间（秒）10 进行人工输入， 全部移除 按钮的功能是将右下方的位置描述区域的所有信息删除。

如果操作员选定了人工序列的内容，按界面的 确认 按钮，则回到功能界面，其中选定编号的序列内容发生变化。

按 取消 按钮表示不进行任何操作，退回到功能界面，选定编号的序列内容不发生变化。

☞ 任务评价

CCTV系统基本监控功能操作评价

评价内容		评价标准	分 值	自评	他评
整体表现	形象	动作舒展，准确，利落	10		
作业内容	基本监控功能操作	准确单击【一般控制】按钮	10		
		准确选择车站	10		
		准确选择分区	10		
		准确选定摄像头，并选择画面需要显示的位置	20		
		准确对摄像头进行设预置位、回预置位操作	10		
		在2 min内完成	15		
		操作规范，一次成功	15		
总分			100		

评价自己对任务知识与技能的掌握程度，在下表相应空格里画"√"。

评价内容	差	合格	良好	优秀
对 CCTV 系统工作原理的掌握程度				
对 CCTV 基本监控功能操作技能的掌握程度				
学习中存在的问题或感悟				

项 目 训 练

班级：　　　　　　姓名：　　　　　　训练时间：

任务训练单	闭路电视（CCTV）系统运用
任务目标	掌握使用 CCTV 系统对设备或状态进行监视操作，掌握 CCTV 系统基本监控功能操作

任务训练

任务训练说明：完成以下两个训练任务。

使用 CCTV 系统对设备或状态进行监视、CCTV 系统基本监控功能操作

任务训练一：

（总结作业流程，并在实训室进行实操训练或在模拟软件上完成实操训练）

任务训练二：

（总结作业流程，并在实训室进行实操训练或在模拟软件上完成实操训练）

任务训练的其他说明或建议：

指导老师评语：

任务完成人签字：　　　　　　日期：　　年　　月　　日

指导老师签字：　　　　　　日期：　　年　　月　　日

项 目 小 结

　　本项目主要介绍了闭路电视（CCTV）系统的运用，具体包括使用 CCTV 系统对设备或状态进行监视和 CCTV 基本监控功能操作。

　　CCTV 系统由中心视频监控设备、车站视频监控设备、摄像设备、显示设备、录像设备、网管设备等组成。CCTV 系统分为车站和中心两个层级。车站部分主要实现对车站各终端图像的控制和显示，并对各路图像进行本地存储。中心部分主要实现对全线各终端图像的控制和显示，并对显示的图像进行远程存储，且可对全线的录像进行调取和回放。在使用 CCTV 系统对其他设备进行监视时，需要重点掌握 CCTV 系统对列车运行状态、客流状况、客运组织现场情况、设备用房的监视操作，以及进行画面切换、缩放、追踪等操作的技能。

项目五　火灾自动报警系统（FAS）运用

案例导学

在地铁站参观火灾自动报警系统（fire alarm system，FAS）设备的过程中，同学们都很好奇，提出了各种各样的问题，比如这台设备的功能是什么，该如何操作，操作过程中应该注意什么，各站台、各系统之间是如何配合的等一系列问题。不知不觉参观学习的时间就要结束了，车站工作人员突然对同学们提出了两个问题："大家知道如果火灾自动报警系统出现故障，将导致什么后果吗？每个车站都有灭火器，你们知道如果某个机房发生了火灾，应该怎么处理吗？大家回去要好好研究一下，有什么不懂的问题欢迎和我联系。"

本项目主要介绍火灾自动报警系统（FAS）的运用。

知识目标

1. 熟悉 FAS 设备的种类、功能及使用操作知识；
2. 可以根据 FAS 房间图形界面，辨别车站房间位置；
3. 掌握 FAS 的监视和操作流程；
4. 掌握火灾发生时的信息上报流程。

技能目标

1. 能使用火灾自动报警控制器对火警信息进行设备确认、消音、复位操作；
2. 熟悉图形工作站的监视操作；
3. 熟悉气体灭火设备的监视作业；
4. 能使用火灾自动报警控制器进行手动与自动模式转换；
5. 能在 FAS 设备出现联动故障时做好应急处置，通过操作 BAS 设备或 IBP 实现对设备的远程控制；
6. 能在出现火灾报警时，及时携带相关备品赶赴现场进行确认并进行初期处置；
7. 能进行相关信息上报。

建议学时

16 学时

任务一　火灾自动报警系统（FAS）监视和操作

👉 情景设置

地铁 5 号线某站，FAS 发出通信机房火灾报警，应当如何处理？

👉 任务布置

综控员通过 FAS，接收通信机房火灾报警信息，进行判断并处理。

👉 任务分解

一、地铁 FAS 火灾报警处理流程

地铁 FAS 火灾报警处理流程如图 5-1 所示。

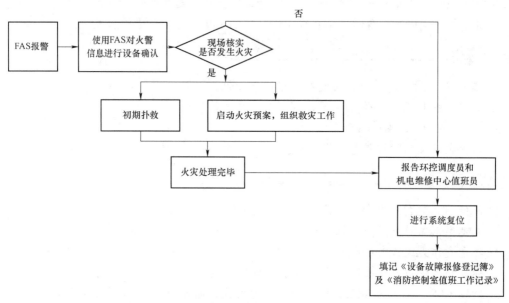

图 5-1　地铁 FAS 火灾报警处理流程

二、知识准备

1. 火灾自动报警控制器结构

地铁 FAS 由火灾自动报警控制器、图形工作站、探测器、气体灭火控制器、手动报警按钮、消火栓启动按钮、消防电话系统、救灾设备、现场各种监控模块及相关通信网络和通信接口等组成。通过火灾探测元件，实现对所管辖区域火情的实时监视；在地铁发生火灾时，联动相关消防设备，转入火灾模式，进行消防救灾。

火灾自动报警控制器结构如图 5-2 所示。

请扫描二维码，
获取数字教学资源

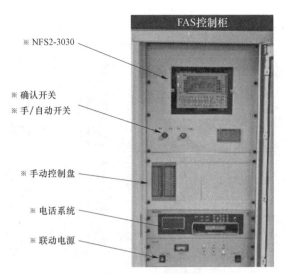

图 5-2　火灾自动报警控制器结构

地铁 ISCS 中的 FAS 设备图示状态如表 5-1 所示。

表 5-1　地铁 ISCS 中的 FAS 设备图示状态

设备描述	正常－绿	火灾－红	故障－黄	隔离、关闭－白
探测器（包括感烟、感温）				
红外对射探测器				
煤气探测器				
手动报警按钮				
消火栓报警按钮				
气体灭火释放阀				
压力表				
普通感温电缆				
区间光纤感温电缆				
消防泵				
声光报警				
疏散指示灯				

续表

设备描述	正常−绿	火灾−红	故障−黄	隔离、关闭−白
切除非消防电源				
HFD 阀				
FD 阀				
排、送风机				
各类电梯				
防火卷帘门、主转门、垂幕				
FAS 控制机				
与各系统接口状态				
区间光纤感温报警				
区间光纤报警主机				
70°防火阀				
280°防火阀				
火灾自动报警主机				
气体灭火报警主机				
常闭排烟口				
消防广播扬声器				
消防电话主机故障/电话故障监视				

2．功能介绍

1）中心功能

（1）显示 FAS 各车站防火分区报警信息状态。

（2）显示 FAS 主机、控制盘等设备运行状态和报警信息。

（3）发生火灾时，显示系统有关画面。

2）车站功能

（1）接收火灾自动报警系统上传的车站管辖范围内的火灾信息和消防救灾设施的工作状态。

（2）接收气体自动灭火区域火警信息和放气信号等。

（3）发生火灾时，显示、控制防救灾模式运行的设备的工作状态。

3）应急控制盘（integrated backup panel，IBP）功能

（1）地下车站控制室 IBP 提供 FAS 后备功能：消防泵、排烟风机的控制。

（2）地面车站控制室 IBP 提供 FAS 后备功能：消防泵的控制。

（3）停车场/车辆段 IBP 提供 FAS 后备功能：消防泵的控制。

应急控制盘（IBP）如图 5-3 所示。

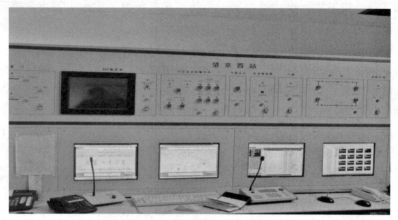

图 5-3 应急控制盘（IBP）

如需要紧急操作火灾自动报警设备，只需将 IBP "打"到操作允许位，按下启动按钮；若要停止火灾自动报警设备，只需将 IBP 复位即可。当需操作 IBP 进行止喷操作时，必须在气灭系统延时阶段进行。当需要气灭系统继续操作时，必须进行 IBP 复位操作，然后再手动启动即可。

3. 注意事项

（1）FAS 应 24 h 投入运行，一旦设备发生故障，必须立即报修，及时恢复 FAS 设备运行。在 FAS 设备正常运行状态下，严禁擅自改变 FAS 设备的控制方式和工作模式。

（2）车站级 FAS 的报警功能及其音响设备应始终处于开启状态。

（3）在 FAS 设备正常运行状态下，不得擅自对报警点进行屏蔽操作或更改系统设置。

（4）任何人不得随意动用消防广播设备，尤其不准擅自使用广播预放功能。

（5）任何人不得利用 FAS 进行其他的工作。

（6）当确认地铁发生火灾事故时，组织救灾的程序应按照突发事件应急处置办法等相关规定执行。

（7）接到气体灭火区的火灾报警时，先进行气体灭火止喷操作，确认发生火灾后，再进行气体喷放，喷放前要提前通知房间里面的人员撤离现场。

（8）当系统处于维修调试状态时，系统应处于非联动位置，以防误报警而产生设备系统的误动作，影响正常设备的运行。

（9）设备维修单位应定期对 IBP 功能进行测试，确保 IBP 功能可靠。

（10）正常情况下，FAS 设备处于自动、联动位置，以保证一旦发生火灾能迅速进行消防灭火。

（11）FAS 设置了直流备用电源，备用电源工作时间应不小于 90min。消防报警控制电源应单独设置，以保证控制器可靠工作。

4. 常见问题处理

1）FAS 主机报火警时综控员的处置流程

（1）首先应按"消音"键中止报警声。

（2）然后应根据控制器的报警信息检查发生火警的部位，确认是否有火灾发生。

（3）如果为气体灭火区的火警则须首先按下相应区域气体灭火控制器的停动按钮，再确认是否有火灾发生。

（4）若确认有火灾发生，则启动报警现场的声光报警器，发出火警声光提示，通知现场人员撤离，拨打消防报警电话报警，启动消防灭火设备等；并将情况报告环控调度员、生产调度员、值班站长，通知维修部门。

（5）若为误报警，应检查误报火警部位是否灰尘过大、温度过高，确认是否是由于人为或其他因素造成误报警，按"取消"键使控制器恢复正常状态，观察是否还会误报；如果仍然发生误报可将其隔离，并尽快通知维修部门进行维修。

（6）将详细信息记录在《FAS 运行登记簿》。

2）车站用房发生火灾时的处置流程

（1）电器设备用房发生火灾时，车站综控员根据 FAS 报警信息通知现场工作人员核实，确认发生火灾后，启动区域气体灭火联动系统进行灭火，待确认灭火结束后，开启房间排风/排烟风机系统，进行排气，并将情况上报中央控制中心；中心综控员监视设备运行。

（2）普通设备及管理用房发生火灾时，车站综控员根据 FAS 报警信息，通知现场工作人员核实，确认发生火灾后，启动房间火灾排烟联动工况，进行排烟，并将情况上报中央控制中心及有关部门；中心综控员监视设备运行。

☞任务实施

一、自主补全以下流程

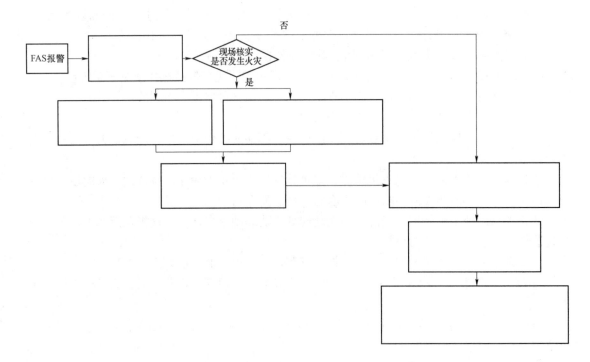

二、火灾自动报警控制器监视和操作流程

1. 使用火灾自动报警控制器对火警信息进行确认、消音、复位操作

1）操作步骤

程序（步骤）	内容	图例
1. 报警查询	按压控制盘消音按钮进行消音处理，查询报警地点	
2. 现场确认	综控员携带灭火器，插孔电话，气体灭火主机钥匙，立即赶赴现场进行确认，并及时将现场情况和处理结果通报综控室室内的综控员	
3. 无火灾的处置	当现场未发生火灾时，综控员向综控室室内的综控员报告，并查明原因，综控室室内的综控员在接到确认信息后，将情况报告环控调度员，通知维修部门，按压火灾报警控制主机火警按钮，再按压复位按钮对系统报警进行复位，填记《设备故障报修登记簿》及《消防控制室值班工作记录》	
4. 发生火灾时的处置	当现场确有火灾发生时，综控员及时向综控室室内的综控员报告，并进行初期扑救，综控室室内的综控员应立即通知值班站长，启动火灾预案，组织救灾工作，并将情况报告环控调度员、客运公司值班室、站区，通知维修单位，视现场火灾情况，及时拨打119报警，启动火灾运行模式，开启防灾广播，如消防人员要求或环控调度员命令启动消防泵时，按压消防泵启动按钮。火灾处理完毕后，按压报警主机火灾按钮，对系统报警进行确认，再相应按压系统自动按钮、复位按钮、广播按钮、消防泵停止按钮，恢复到手动位，并将火灾详细信息记录于《设备故障报修登记簿》及《消防控制室值班工作记录》	

2）标准

当火灾自动报警控制器报火警时，应做到沉着冷静，确认及时、准确，处理火情思路明确，汇报时应做到语言简练、规范、完整；记录时应做到语言准确，字体清晰、工整。

3）注意事项

FAS 设备处于自动、联动位置，以保证一旦发生火灾迅速进行消防灭火。

2. 辨别火警信息的等级

1）操作步骤

程序（步骤）	内　　容
1. 报警确认	当火灾自动报警控制器发生报警时，及时确认报警信息
2. 报警查询	打开图形工作站，进入操作界面
3. 火警信息等级确认	通过等级查询，确定火警信息等级（由高到低依次为：报警、故障、隔离、信息）

2）标准

确认、辨别火警信息时做到及时、准确。

3）注意事项

报警等级由高到低依次为：报警、故障、隔离、信息。

3. 使用火灾自动报警控制器进行手动与自动模式转换

1）操作步骤

程序（步骤）	内容	图例
1. 火灾报告	当现场确有火灾发生，现场工作人员向综控室室内的综控员报告	
2. 模式转换操作	综控室室内的综控员接到报告后，立即在火灾自动报警控制器上进行模式转换操作，将"手动位"转换至"自动位"	
3. 报修	向维修单位报修，并进行上报，做好记录	
4. 自动报警模式转换操作	灭火后，在火灾自动报警控制器上进行模式转换操作，将"自动位"转换至"手动位"	

2）标准

进行模式转换操作时，做到沉着、冷静、及时、准确。

3）注意事项

（1）FAS 应 24 小时投入运行，遇到设备发生故障，必须及时报修，及时恢复 FAS 设备运行。在 FAS 设备正常运行状态下，严禁擅自改变 FAS 设备的控制方式和工作模式。

（2）FAS 设备处于自动、联动位置，以保证一旦发生火灾能迅速进行消防灭火。

4. 在 FAS 设备出现联动故障时做好应急处置，通过操作 BAS 设备或 IBP 实现对设备的远程控制

1）操作步骤

程序（步骤）	内　　容	图例
1. 故障确认	当 FAS 设备出现联动故障时做好应急处置	
2. 启动通风模式	在 BAS 设备上启动通风模式	
3. 启动火灾模式	在 IBP 上紧急启动火灾模式/通风模式	

2）标准

操作设备时应做到快速、熟练、准确。

3）注意事项

正常运营期间，不得使用 IBP 对基础设备进行远程控制。对 IBP 的任何操作均应作详细记录。

5. 按规定做好详细记录并填写各类报表

1）操作步骤

程序（步骤）	内　　容	图例
1. 故障确认	当 FAS 报警控制器出现火警或故障信息时，及时确认情况	
2. 报修	及时通知设备维修单位进行维修	

程序（步骤）	内　　容	图例
3. 故障上报	将故障情况上报相关部门并进行记录	
4. 报修登记	将故障详细情况进行记录，填写《设备故障报修登记簿》及《消防控制室值班工作记录》	

2）标准

确认故障时应做到及时、准确；上报故障时应做到语言简练、规范、完整；记录故障时应做到语言准确，字体清晰、工整。

3）注意事项

按规定做好详细记录，填写各类报表，不得谎报，不得涂改。

6. 当出现火灾报警时，及时携带相关备品赶赴现场进行确认并进行初期处置

1）操作步骤

程序（步骤）	内　　容	图例
1. 火灾地点确认	当出现火灾报警时，立即确认火灾地点	
2. 清点消防工具	清点"消防工具箱"内工具	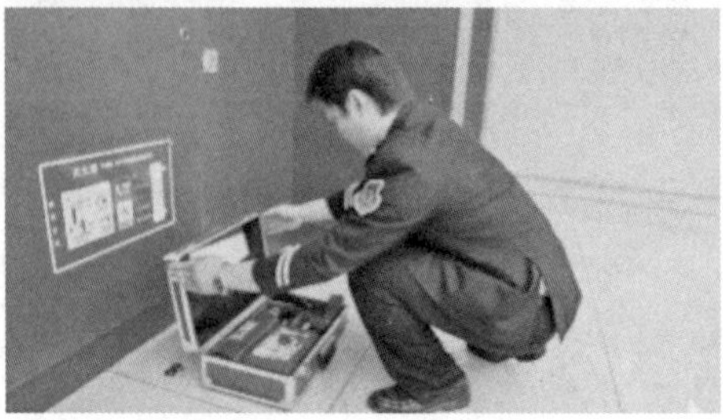

程序（步骤）	内　　容	图例
3. 现场确认	携带"消防工具箱"赶赴现场进行确认	
4. 初期灭火	若现场确有火灾发生，利用"消防工具箱"内插销电话与综控室进行联系，并利用"消防工具箱"内灭火器进行初期扑救	

2）标准

清点工具时，应做到认真、仔细，确保工具齐全、完好；联系时应做到语言简练、规范、完整。

3）注意事项

接到火灾报警后，综控员须立即查找报警地点，并携带"消防工具箱"赶赴现场，确认是否发生火灾并进行初期处置。

7. 上报相关信息

1）操作步骤

程序（步骤）	内　　容	图例
1. 故障确认	发现设备故障或报火警时，准确了解情况	

程序（步骤）	内　容	图例
2. 报修	及时通知设备维修单位进行维修	
3. 故障上报	将报告人所在车站、故障情况、故障时间及处理情况上报相关部门	
4. 故障登记	将故障详细情况进行记录，填写《设备故障报修登记簿》及《消防控制室值班工作记录》	
5. 设备试验	故障修复后进行试验，确认无误后，进行上报	

2）标准

确认故障时应做到及时、准确；上报故障时应做到语言简练、规范、完整；记录故障时应做到语言准确，字体清晰、工整。

3）注意事项

当车站设备发生故障时，除向维修单位及环控调度员报告外，还须向生产调度室报告。

任务评价

火灾自动报警系统（FAS）监视和操作评价

评价内容		评价标准	分值	自评	他评
整体	形象	动作利索、准确	5		
作业内容	无火灾	及时报告环控调度员	10		
		及时报告维修部门	10		
		及时进行系统复位	10		
		及时填记《设备故障报修登记簿》及《消防控制室值班工作记录》	10		
	有火灾	及时进行初期扑救	10		
		能够运用 FAS 对火灾进行确认	10		
		及时启动火灾预案，组织救灾工作	10		
		火灾处理完毕后，及时进行系统复位	10		
		及时填记《设备故障报修登记簿》及《消防控制室值班工作记录》	15		
总分			100		

评价自己对任务知识与技能的掌握程度，在下表相应空格里画"√"。

评价内容	差	合格	良好	优秀
对火灾自动报警系统构成及工作原理的掌握程度				
对火灾自动报警控制器监视与操作流程的掌握程度				
对当 FAS 主机报火警时综控员处置流程的掌握程度				
对车站用房发生火灾时处置流程的掌握程度				
学习中存在的问题或感悟				

任务二 图形工作站监视和操作

情景设置

地铁某站，FAS 发出火灾报警，综控员使用图形工作站确定火灾报警的地点，到达现场发现确有火灾发生，对火灾进行处理。

任务布置

综控员使用图形工作站对火灾信息进行确认、消音、复位操作，对火灾报警事项进行处理。

任务分解

一、使用图形工作站进行火灾信息确认、处理火灾流程

使用图形工作站进行火灾信息确认、处理火灾流程如图 5-4 所示。

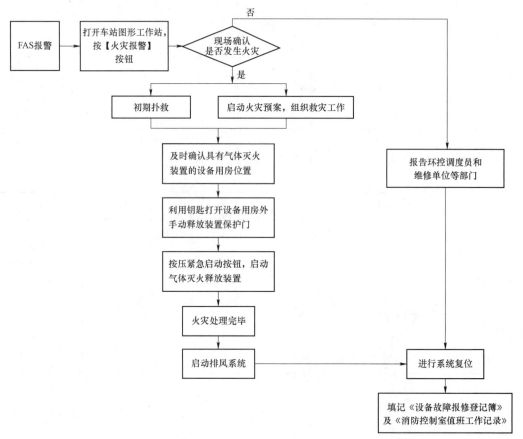

图 5-4 使用图形工作站进行火灾信息确认、处理火灾流程

二、知识准备

1. 基本监视功能操作

1）车站操作

在车站工作站中，操作员登录之后，首先看到以下界面（见图5-5）。

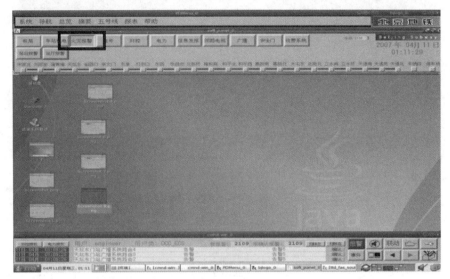

图5-5 图形工作站界面

在界面顶部按钮面板上，有一个【火灾报警】按钮，以及所有的车站显示按钮。首先，单击车站（如天坛东站）；再单击【火灾报警】按钮后，单击【站厅报警】，将出现图5-6所示界面。

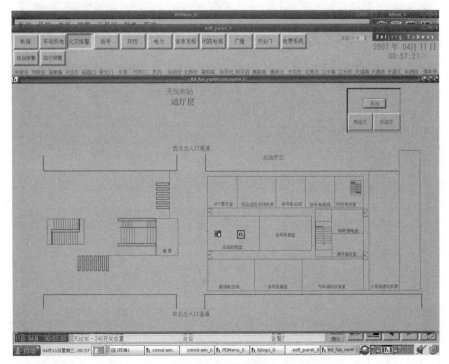

图5-6 站厅报警界面

单击【站台】按钮，系统会自动切换到天坛东站的 FAS 站台层平面布局界面（见图 5-7）。

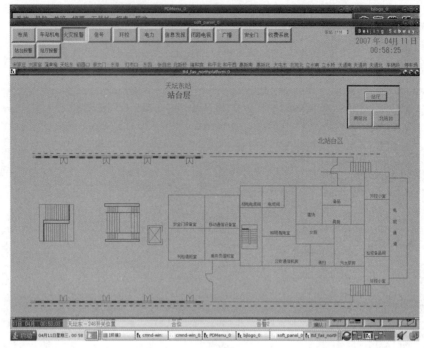

图 5-7 站台层平面布局界面

在界面中可以看见天坛东站的北站台区 FAS 平面布局。在图右上方的导航方框内，可以通过单击【南站台】按钮将界面切换到南站台区，如图 5-8 所示。

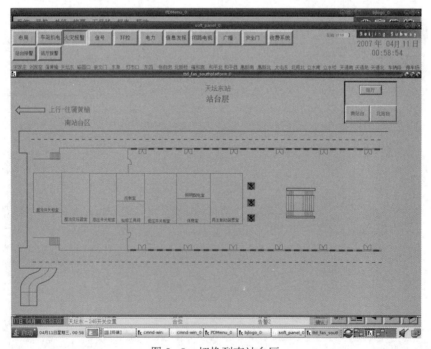

图 5-8 切换到南站台区

此时会出现图中左上方的对话框，对话框中显示的为此报警点的基本信息，包括报警点的名称、描述等信息。在对话框中，单击【标记】按钮之后出现图5-9所示界面。

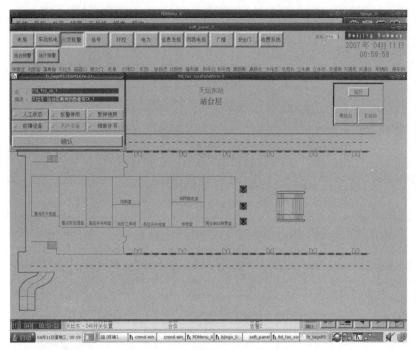

图5-9　单击【标记】按钮后界面

单击【人工状态】按钮，将出现图5-10所示界面。

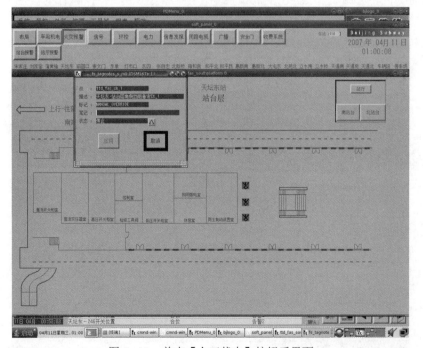

图5-10　单击【人工状态】按钮后界面

　　这时，对话框中出现的是此点的详细信息及当前状态。若想人工改变参数设置即"人工置数"，只需单击状态栏后的按钮，状态的值就由"停止"变为"运行"，如图5-11所示。

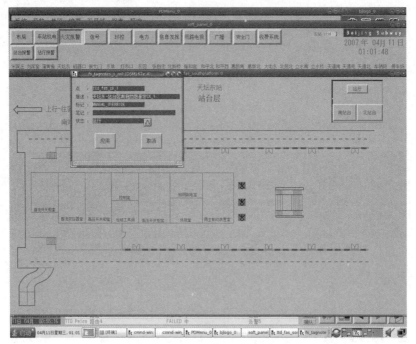

图5-11　人工改变参数设置界面

　　"人工置数"将状态从"停止"改变成了"运行"。若想保存此设置，只需单击【应用】按钮，图示的颜色将会改变，从绿色变成黄色（在系统中停止为绿色，运行为黄色），如图5-12所示。

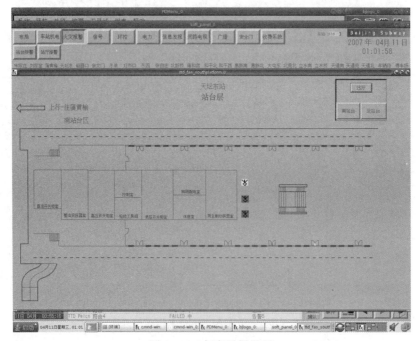

图5-12　保存设置界面

进行以上操作后，挡烟垂帘的颜色变成了黄色。通过 FAS 可对所有的点进行上述操作。

2）中心操作

首先进入控制中心界面（见图 5-13）。

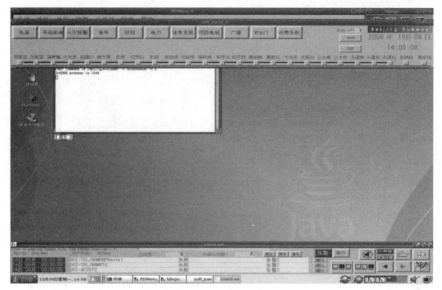

图 5-13 控制中心界面

单击【火灾报警】按钮，可以查看所选择车站的火灾报警信息；单击【布局】按钮后，可以浏览所选择车站的防火分区信息，如图 5-14 所示。

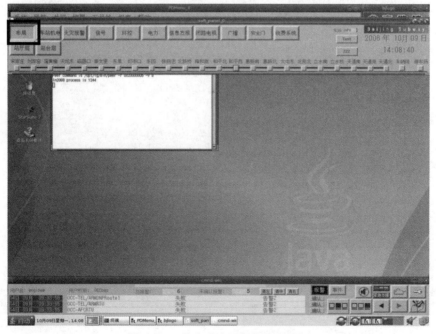

图 5-14 单击【布局】按钮后界面

在【布局】按钮下方出现了【站厅层】和【站台层】两个按钮，单击想查看的车站名，再单击【站厅层】或【站台层】按钮（以和平西站为例，单击【站厅层】），将会出现图 5-15

所示界面。

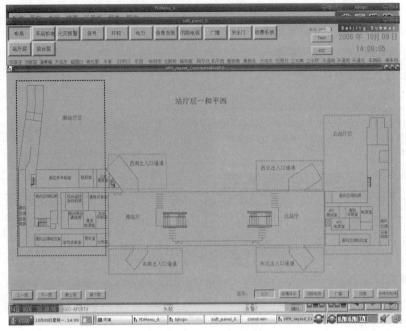

图 5-15　站厅层界面

此时可以看见一张整体的站厅层布局图，图中红色虚框框出的是站厅层的防烟防火分区的布局图。然后单击【站台层】按钮，出现图 5-16 所示界面。

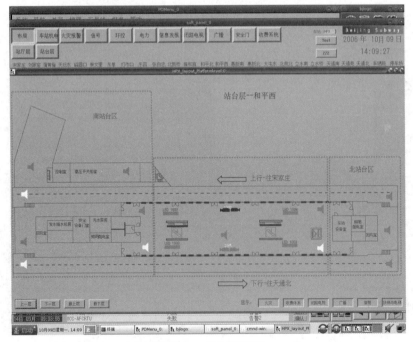

图 5-16　站台层界面

展现在我们眼前的是一张整体的站台层布局图。

其他所有站点都可进行以上操作，操作员可以非常方便地观测各站点的火灾报警情况。

2. 注意事项

（1）图形工作站与 FAS 主机使用同步系统，发现设备不同步时应及时报修。

（2）接到报警后，须及时确认报警地点，并携带消防工具箱赶赴现场确认。

（3）图形工作站应 24 h 投入运行，一旦设备发生故障，必须立即报修，及时恢复图形工作站设备运行。在图形工作站设备正常运行状态下，严禁擅自改变图形工作站的控制方式和工作模式。

（4）图形工作站的报警功能及其音响设备应始终处于开启状态。

（5）在图形工作站设备正常运行状态下，不得擅自对报警点进行屏蔽操作或更改系统设置。

（6）任何人不得利用图形工作站进行其他工作。

3. 常遇问题分析与处理

1）设备故障报警

设备发生报警后，须及时确认报警地点，进行消音操作，并携带消防工具箱赶赴现场确认，查明原因，向综控室报告，综控室室内的综控员进行复位操作，通知维修人员，上报环控调度员，并进行详细记录。

2）设备发生火灾报警

设备发生报警后，须及时确认报警地点，进行消音操作，并携带消防工具箱赶赴现场确认。

（1）若为误报警，查明原因，向综控室报告，综控室室内的综控员通知维修人员，上报环控调度员，并进行详细记录。

（2）若现场确认有火灾发生，及时通知综控室，并进行现场前期处置，综控室室内的综控员根据火灾区域，启动火灾联动控制模式，并将情况上报中央控制中心综控员并做好相应记录。

👉 任务实施

一、自主补全以下流程

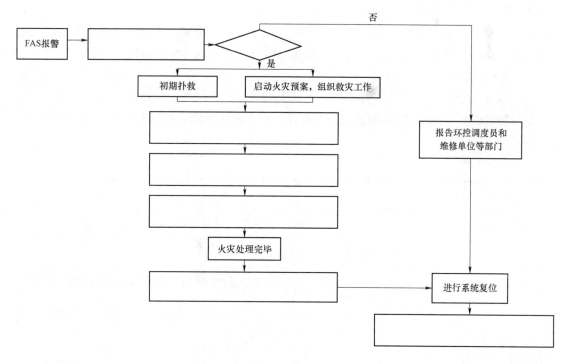

二、图形工作站监视和操作流程

1. 使用图形工作站对火警信息进行确认、消音、复位操作

1）操作步骤

程序（步骤）	内　　容
1. 火警确认	在图形工作站上"火警"栏中选择相应信息条
2. 消音处理	单击【消音】按钮进行消音处理，查询报警地点
3. 现场确认	综控员携带灭火器，插孔电话，气体灭火主机钥匙，立即赶赴现场进行确认，并及时将现场情况和处理结果通报综控室室内的综控员
4. 无火灾的处置	当现场未发生火灾时，现场工作人员向综控室室内的综控员报告，并查明原因，综控室室内的综控员在接到现场综控员报告的信息后，将情况报告环控调度员，通知维修部门，单击【复位】按钮，对系统报警进行复位，填记《设备故障报修登记簿》及《消防控制室值班工作记录》
5. 发生火灾的处置	当现场确有火灾发生时，综控员及时向综控室室内的综控员报告，并进行初期扑救，综控室室内的综控员应立即通知值班站长，启动火灾预案，组织救灾工作，并将情况报告环控调度员、生产调度室、站区，通知维修单位，视现场火灾情况，及时拨打119报警电话，启动火灾运行模式，开启防灾广播，如消防人员要求或环控调度员命令启动消防泵时，按压消防泵启动按钮。火灾处理完毕后，按压报警主机火灾按钮，对系统报警进行确认，再按系统自动按钮、广播按钮、消防泵停止按钮，恢复到手动位，在图形工作站上单击【复位】，并将火灾详细信息记录于《设备故障报修登记簿》及《消防控制室值班工作记录》

2）标准

当图形工作站报火警时，应做到沉着冷静，确认及时、准确，处理火情思路明确；汇报火情时应做到语言简练、规范、完整，记录时应做到语言准确，字体清晰、工整。

3）注意事项

任何人不得随意动用消防广播设备，尤其不准擅自使用广播预放功能。

2. 使用图形工作站地图界面分辨车站功能区域，确认手动报警按钮位置，以及烟感、温感探头位置

1）操作步骤

程序（步骤）	内　　容
1. 报警确认	当图形工作站出现"火警"/"故障"报警时，单击报警条
2. 查看地图	单击【查看地图】按钮
3. 位置确认	弹出全站地图界面，分辨车站功能区域，确认手动报警按钮位置，以及烟感、温感探头位置

2）标准

操作设备时应做到快速、熟练、准确。

3）注意事项

熟悉车站手动报警按钮位置，以及烟感、温感探头位置，发生报警时及时到达现场进行确认。

3. 在 FAS 设备出现联动故障时进行应急处置，通过操作 BAS 设备或 IBP 实现对设备的远程控制

1）操作步骤

程序（步骤）	内　　容
1. 故障确认	当 FAS 设备出现联动故障时做好应急处置
2. 启动通风模式	在 BAS 设备上启动通风模式
3. 启动火灾模式	在 IBP 上紧急启动火灾模式/通风模式

2）标准

操作设备时应做到快速、熟练、准确。

3）注意事项

正常运营期间，不得使用 IBP 对基础设备进行远程控制。对 IBP 的任何操作均应作详细记录。

4. 当出现火灾报警时，及时携带相关备品赶赴现场进行确认并进行初期处置

1）操作步骤

程序（步骤）	内　　容
1. 火灾地点确认	当出现火灾报警时，立即确认火灾地点
2. 清点消防工具	清点"消防工具箱"内工具
3. 现场确认	携带"消防工具箱"赶赴现场进行确认
4. 初期扑救	若现场确有火灾发生，利用"消防工具箱"内插销电话与综控室进行联系，并利用"消防工具箱"内灭火器进行初期扑救

2）标准

清点工具时，应做到认真、仔细，确保工具齐全、完好；联系时应做到语言简练、规范、完整。

3）注意事项

接到火灾报警后，综控员须立即查找报警地点，并携带"消防工具箱"赶赴现场，确认是否发生火灾并进行初期处置。

5. 按规定做好详细记录并填写各类报表

1）操作步骤

程序（步骤）	内　　容
1. 故障确认	当图形工作站出现火警或故障信息时，及时确认情况
2. 报修	及时通知维修单位进行维修
3. 故障上报	将故障情况上报相关部门并进行记录
4. 故障登记	将故障详细情况进行记录，填写《设备故障报修登记簿》及《消防控制室值班工作记录》

2）标准

确认故障时应做到及时、准确；上报故障时应做到语言简练、规范、完整；记录故障时应做到语言准确，字体清晰、工整。

3）注意事项

按规定做好详细记录，填写各类报表，不得谎报，不得涂改。

6. 上报相关信息

1）操作步骤

程序（步骤）	内　　容
1. 故障确认	发现设备故障时，准确了解故障现象
2. 报修	及时通知维修单位进行维修
3. 故障上报	将报告人所在车站、故障情况、故障时间及处理情况上报相关部门
4. 故障登记	将故障详细情况进行记录，填写《设备故障报修登记簿》及《消防控制室值班工作记录》
5. 设备试验	故障修复后进行试验，确认无误后，进行上报

2）标准

确认故障时应做到及时、准确；上报故障时应做到语言简练、规范、完整；记录故障时应做到语言准确，字体清晰、工整。

3）注意事项

当车站设备发生故障时，除向维修单位及环控调度员报告外，还须向生产调度室报告。

☞ 任务评价

图形工作站监视和操作评价表

评价内容		评价标准	分值	自评	他评
整体	形象	动作利索、准确	5		
作业内容	无火灾	及时报告环控调度员	10		
		及时报告维修单位	10		
		及时进行系统复位	10		
		及时填记《设备故障报修登记簿》及《消防控制室值班工作记录》	10		
	有火灾	及时进行初期扑救	10		
		能够运用图形工作站对火灾进行确认	10		
		及时启动火灾预案，组织救灾工作	10		
		火灾处理完毕后，及时进行系统复位	10		
		及时填记《设备故障报修登记簿》及《消防控制室值班工作记录》	15		
总分			100		

评价自己对任务知识与技能的掌握程度，在下表相应空格里画"√"。

评价内容	差	合格	良好	优秀
对图形工作站功能的掌握程度				
对图形工作站监视与操作技能的掌握程度				
对图形工作站设备故障报警处置流程的掌握程度				
对使用图形工作站进行火灾报警处置流程的掌握程度				
学习中存在的问题或感悟				

任务三　气体灭火设备的监视和操作

☞ 情景设置

综控员接到 FAS 发出的火灾报警信息，在 HMI 上发现是具有气体灭火装置的设备用房发出火灾报警后，应立即赶赴现场进行确认，若确认设备用房内发生火灾，立即将现场情况通报综控室；综控室室内的综控员在接到综控员确认发生火灾的信息后，立即按压 IBP 气体灭火操作区的"放气"按钮，通知值班站长启动火灾预案。

☞ 任务布置

综控员接到 FAS 发出的火灾报警信息，对火灾报警进行及时确认并处理。

☞ 任务分解

一、当地铁发生火灾时"放气"灭火的处理流程

当地铁发生火灾时"放气"灭火的处理流程如图 5-17 所示。

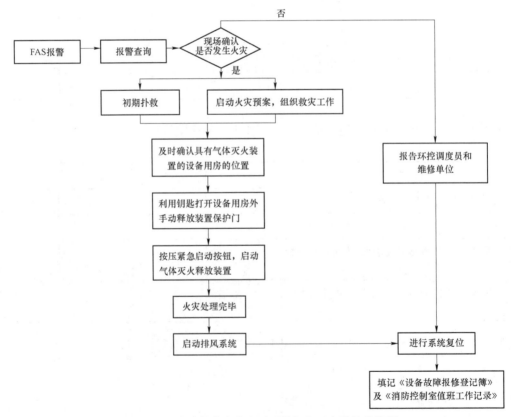

图 5-17　当地铁发生火灾时"放气"灭火的处理流程

二、知识准备

地铁既有线路重要设备用房均设有气体灭火系统，该系统对于确保地铁的安全运营和乘客的人身安全具有重要的作用，是地铁系统重要的组成部分。

地下站重要设备用房（如车站综控室、公安通信机房、信号设备室、变电所、电源控制室、综合监控电源室、安全门设备室、商用移动通信机房、整流变压器室等）均设置有气体灭火系统。

所谓气体灭火，就是对一个相对封闭的着火空间（全淹没系统）或不能封闭的防护区的某个保护对象（局部应用系统）喷放符合环保要求的气体，在气体浓度达到一定值时，与火焰进行物理或化学作用，从而达到灭火的目的。

1. 气体灭火系统组成

气体灭火系统由气体灭火设备及气体灭火控制设备两部分组成。

气体灭火设备包括气瓶、启动器、减压装置、压力开关、喷头和气体输送管道等。

气体灭火控制设备包括烟感探测器、温感探测器、各类开关、控制盘、警铃、声光报警装置等。

2. 气体灭火系统功能

气体灭火系统具有在气体灭火区域独立实现火灾报警、联动系统启动灭火功能，并与车站 FAS 有通信接口，将报警信息实时传送给本站 FAS。

3. 气体灭火系统分类

地铁气体灭火系统分为固定式管网气体灭火系统和无管网式气体灭火系统两种。固定式管网气体灭火系统设备由一组储存装置和管网组成，采用全淹没灭火方式设计。无管网气体灭火系统采用单元独立方式设计。

4. 注意提示

（1）正常情况下，气体灭火系统设备应处于自动运行位置，以保证火灾发生时能迅速动作，释放气体，进行消防灭火。

（2）气体灭火系统设备报警后，综控员须在第一时间进行停止气体喷放操作，再进行现场确认。

（3）气体灭火系统具有自动启动、手动启动和应急机械启动三种方式，要熟练掌握手动启动和应急机械启动的操作方法。

（4）熟知钢瓶房间位置，确保钢瓶摆放稳固，所有管道及软管无碰撞、破坏、腐蚀、破损等情况，发现异常及时报修。

（5）正常情况下，保护区域的防火门，闭门器应完好，保护区域的门窗应保持关闭状态；保护区内的气体灭火设施，不得被遮挡、不得悬挂异物，以免影响灭火功能。

5. 常遇问题分析与处理

气体灭火系统设备报警后，综控员须第一时间进行停止气体喷放操作，确认报警房间并携带消防工具箱进行现场确认，若为误报警，查明原因后向综控室报告，综控室室内的综控员进行系统复位，并向维修单位报修；若现场确认有火灾发生，立即向综控室报告，同时进行前期处置，火势无法控制时，须撤离现场，将门关闭，现场启动气体灭火系统进行灭火，并通知机电专业人员，待确认火灾处理完毕后，开启房间排风/排烟风机系统，进行排气，将情况上报中央控制中心，并记录详细情况。

☞ **任务实施**

一、自主补全以下流程

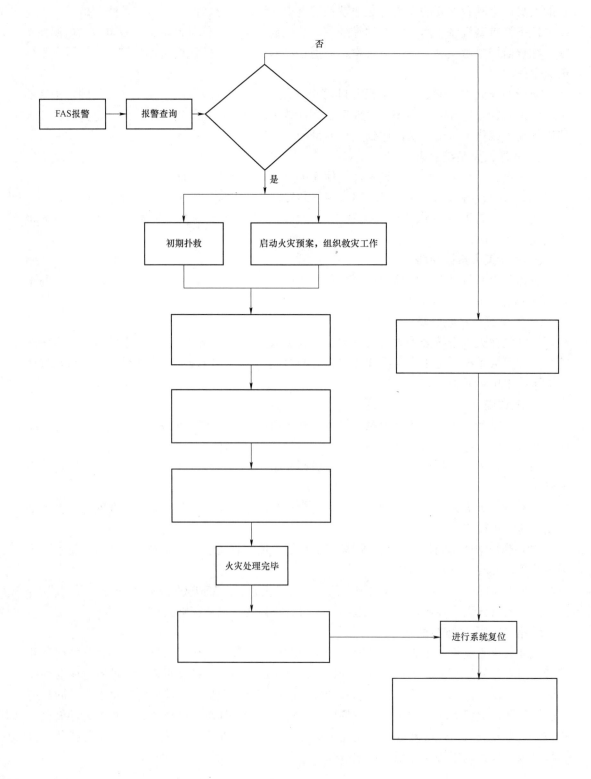

二、气体灭火设备监视和操作流程

1. 辨别具有气体灭火装置的设备用房

1）操作步骤

程序（步骤）	内　容
1. 火灾查询	在 ISCS 主界面中选择"火灾报警"
2. 选择"防火分区"	进入"火灾报警"界面后选择"防火分区"
3. 设备用房查询	进入"防火分区"界面后，显示本站具有气体灭火装置的设备用房

2）标准

辨别具有气体灭火装置的设备用房，应做到快速、准确。

3）注意事项

熟知具有气体灭火装置的设备用房位置，当发生气体灭火报警时，能及时赶赴现场进行确认、处理。

2. 知晓车站气灭钢瓶房间位置

1）操作步骤

程序（步骤）	内　容
1. 火灾查询	在 ISCS 主界面中选择"火灾报警"
2. 选择"防火分区"	进入"火灾报警"界面后选择"防火分区"
3. 气灭钢瓶房间查询	进入"防火分区"界面后，显示本站气灭钢瓶房间位置

2）标准

辨别气灭钢瓶房间位置，应做到快速、准确。

3）注意事项

熟知气灭钢瓶房间位置，确保钢瓶摆放稳固，所有管道及软管无碰撞、破坏、腐蚀、破损等情况，发现异常及时报修。

3. 使用设备用房外手动释放装置启动气灭装置

1）操作步骤

程序（步骤）	内　容
1. 火灾确认	当具有气体灭火装置的设备用房发生火灾时，及时确认房间位置，携带钥匙及手持电台赶赴现场
2. 打开保护门	利用钥匙打开设备用房外手动释放装置保护门
3. 启动灭火装置	按压"紧急启动"按钮，启动气体灭火释放装置

2）标准

辨别具有气体灭火装置的设备用房，应做到快速、准确；启动气体灭火释放装置，应做到及时、正确。

3）注意事项

气体灭火装置具有自动启动、手动启动和应急机械启动三种启动方式，应熟练掌握手动启动和应急机械启动的操作方法。

4. 在气灭钢瓶房间内使用气灭钢瓶阀门启动气灭装置（时机与操作）

1）操作步骤

程序（步骤）	内　　容
1. 使用时机	当具有气体灭火装置的设备因房间发生火灾且自动控制和手动操作方式均不能启动气体灭火释放装置时，及时采用紧急机械操作方式启动气体灭火释放装置
2. 火灾确认	及时确认发生火灾的设备用房名称
3. 到达现场	立即到达气灭钢瓶房间，选择与发生火灾的设备用房名称相对应的装置
4. 启动装置	先开启选择阀，再开启瓶头阀，手动开启气体灭火释放装置，释放灭火气体

2）标准

辨别具有气体灭火装置的设备用房，应做到快速、准确；启动气体灭火释放装置，应做到及时、正确。

3）注意事项

熟知气灭钢瓶房间位置，确保钢瓶摆放稳固，所有管道及软管无碰撞、破坏、腐蚀、破损等情况，发现异常及时报修。

5. 在确认误报警时使用现场紧急停止按钮停止气体灭火装置启动（时机与操作）

1）操作步骤

程序（步骤）	内　　容
1. 确认火灾位置	当具有气体灭火装置的设备用房发生火灾时，及时确认房间位置，携带钥匙及手持电台赶赴现场
2. 打开保护门	利用钥匙打开设备用房外手动释放装置保护门
3. 停止灭火装置	按压"紧急停止"按钮，先停止气体喷放操作，然后确认火灾情况

2）标准

辨别具有气体灭火装置的设备用房，应做到快速、准确；停止气体喷放操作，应做到及时、正确。

3）注意事项

气体灭火装置设备报警后，综控员须在第一时间进行停止气体喷放操作，再进行现场确认。

6. 在确认误报警时使用 IBP 气灭模块紧急停止按钮停止气体灭火装置启动

1）操作步骤

程序（步骤）	内　　容
1. 停止气体灭火装置启动	当具有气体灭火装置的设备用房发生火灾时，及时在 IBP 按下气灭模块"停止喷放"按钮，停止气体灭火装置启动
2. 现场确认	及时确认房间位置，携带钥匙及手持电台赶赴现场房间
3. 误报警操作	若为误报警，将 IBP 上"停止喷放"按钮恢复正常
4. 火灾处置	若确有火灾发生，立即操作设备用房外手动释放装置，启动气灭装置喷放灭火气体，并将"IBP"上"停止喷放"按钮恢复正常

2）标准

辨别具有气体灭火装置的设备用房，应做到快速、准确；操作气体灭火释放装置，应做到及时、正确。

3）注意事项

（1）气体灭火装置设备报警后，综控员须第一时间进行停止气体喷放操作，再进行现场确认。

（2）正常情况下，严禁使用"IBP"进行操作，操作后进行记录。

7. 上报相关信息

1）操作步骤

程序（步骤）	内　　容
1. 故障确认	发现设备故障时，准确了解故障现象
2. 报修	及时通知维修单位进行维修
3. 故障上报	将报告人所在车站、故障情况、故障时间及处理情况上报相关部门
4. 故障登记	将故障详细情况进行记录，填写《设备故障报修登记簿》及《消防控制室值班工作记录》
5. 设备试验	故障修复后进行试验，确认无误后，进行上报

2）标准

确认故障时应做到及时、准确；上报故障时应做到语言简练、规范、完整；记录故障时应做到语言准确，字体清晰、工整。

3）注意事项

当车站设备发生故障时，除向维修单位及环控调度员报告外，还须向生产调度室报告。

☞ **任务评价**

气体灭火设备的操作评价

评价内容		评价标准	分值	自评	他评
整体	形象	动作利索、准确	5		
作业内容	无火灾	报告环控调度员	10		
		报告维修单位	10		
		及时进行系统复位	10		
		及时填记《设备故障报修登记簿》及《消防控制室值班工作记录》	10		
	有火灾	及时进行初期扑救	10		
		当具有气体灭火装置的设备用房发生火灾时，及时确认房间位置，携带钥匙及手台赶赴现场房间	10		
		利用钥匙打开设备用房外手动释放装置保护门	10		
		选择"紧急启动"按钮，启动气体灭火释放装置	15		
		及时填记《设备故障报修登记簿》及《消防控制室值班工作记录》	10		
总分			100		

评价自己对任务知识与技能的掌握程度，在下表相应空格里画"√"。

评价内容	差	合格	良好	优秀
对 FAS 监视和操作流程的掌握程度				
对图形工作站监视和操作流程的掌握程度				
对气体灭火器监视与操作流程的掌握程度				
对气体灭火设备报警后综控员操作流程的掌握程度				
学习中存在的问题或感悟				

项 目 训 练

班级：　　　　　姓名：　　　　　　　　　训练时间：

任务训练单	火灾自动报警系统（FAS）运用
任务目标	掌握火灾自动报警系统（FAS）、图形工作站和气体灭火设备的相关知识，能进行火灾自动报警系统（FAS）、图形工作站和气体灭火设备的监视和操作

任务训练

任务训练说明：请从下列任务中选择其中的两个进行训练。

火灾自动报警系统（FAS）、图形工作站、气体灭火设备的监视和操作

任务训练一：

（总结作业流程，并在实训室进行实操训练或在模拟软件上完成实操训练）

任务训练二：

（总结作业流程，并在实训室进行实操训练或在模拟软件上完成实操训练）

任务训练的其他说明或建议：

指导老师评语：

任务完成人签字：　　　　　　　　　　　日期：　　年　　月　　日

指导老师签字：　　　　　　　　　　　　日期：　　年　　月　　日

项 目 小 结

本项目主要介绍了火灾自动报警系统（FAS）的运用,具体包括火灾自动报警系统（FAS）、图形工作站和气体灭火设备的监视和操作。

在进行监视和操作之前,我们需要了解、掌握 FAS 及其相关设备的基础理论知识。地铁 FAS 设备由火灾自动报警控制器、图形工作站、探测器、气体灭火控制器、手动报警按钮、消火栓启动按钮、消防电话系统、防救灾设备、现场各种监控模块及相关通信网络和通信接口等组成。通过火灾探测元件,实现对所管辖区域火情的实时监视;在地铁发生火灾时,联动相关消防设备,转入火灾模式,进行消防救灾。在车站综控室设置 FAS 图形工作站,实现对本站管辖范围内的 FAS 设备的监视功能。气体灭火系统具有在气体灭火区域独立实现火灾报警、联动系统启动功能,并与车站 FAS 有通信接口,其报警信息能实时传送给本站 FAS。

项目六　自动售检票（AFC）监控系统运用

案例导学

　　小明通过一段时间的学习，以为自己对本专业的知识已经非常了解，不会再出现之前同学问的问题自己答不上来的情况。然而在一次搭乘地铁的过程中，由于自动检票机故障，导致很多人在检票过程中需要排队，队伍移动得比较缓慢。有人开始抱怨，"机器坏了为什么没人来修？""赶时间呢！真是浪费时间""为什么没有人上报呢？"……作为一个城市轨道交通类专业的学生，小明将这些抱怨都记在心里，同时心里有了疑惑，为什么之前都没有注意到这类问题呢？自动检票机是通过什么设备进行控制的？检票机和售票机用的是一个系统吗？如果是两个系统的话，有什么区别呢？出现今天这样的故障，应急处置流程是什么呢？一大堆的问题蜂拥而来，小明意识到，果然是学无止境呀，看来自己还有很多东西要学习。

　　自动售检票机到底是怎么被监控与操作的呢？本项目将对自动售检票（automatic fare collection，AFC）系统各设备进行详细介绍，同时对可能出现的常见故障处理流程进行详细阐述。

知识目标

1. 熟悉 AFC 系统设备基本结构、功能，以及其使用时机、操作方法；
2. 掌握通过 ISCS 监控 AFC 终端设备的方法；
3. 掌握设备故障报修流程及记录要求；
4. 掌握设备故障时的信息通报流程。

技能目标

1. 能通过车站计算机（station computer，SC）设备监控车站 AFC 系统各终端设备；
2. 能使用 SC 设备根据运营需要或 AFC 调度中心的指示设置 AFC 正常运行或降级模式；
3. 能在每日运营结束后打印相关报表及核算车站日 TVM 交款明细；
4. 能对设备故障及异常情况报警进行确认；
5. 能在 SC 设备故障时进行报修并记录；
6. 能进行相关信息上报；
7. 能在 BOM 出现卡票故障时进行初期处理；
8. 能在 BOM 票箱空情况下对票箱进行更换。

建议学时

　　10 学时

任务一 半自动售票机（BOM）监视

👉 情景设置

某天小胡乘坐地铁时忘记携带公交一卡通，于是其去地铁售票处购票。站务员告诉小胡，售票系统出现故障，需要处理。

👉 任务布置

判断半自动售票机的故障类型，通过对半自动售票机的操作或者监控，完成半自动售票机故障的处理，恢复售票状态。

👉 任务分解

一、当 BOM 出现卡票故障时进行处理流程

当 BOM 出现卡票故障时进行处理流程如图 6-1 所示。

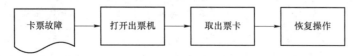

图 6-1 当 BOM 出现卡票故障时进行处理流程

二、在 BOM 票箱空情况下对票箱进行更换流程

在 BOM 票箱空情况下对票箱进行更换流程如图 6-2 所示。

图 6-2 在 BOM 票箱空情况下对票箱进行更换流程

三、当 BOM 发生故障时进行报修、记录流程

当 BOM 发生故障时进行报修、记录流程如图 6-3 所示。

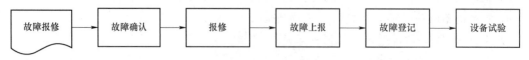

图 6-3 当 BOM 发生故障时进行报修、记录流程

四、在 BOM 无法连接中心的情况下使用管理认证卡启动 BOM 设备流程

在 BOM 无法连接中心的情况下使用管理认证卡启动 BOM 设备流程如图 6-4 所示。

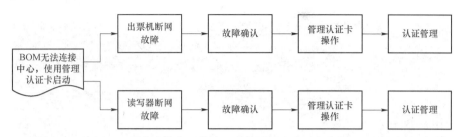

图 6-4　在 BOM 无法连接中心的情况下使用管理认证卡启动 BOM 设备流程

五、知识准备

1. 半自动售票机（BOM）组成

半自动售票机（BOM）主要由不间断电源、主机、操作员显示器、鼠标、键盘、读卡器、乘客显示器（含付费区和非付费区）、票据打印机几部分构成。

半自动售票机简称 BOM，安装在车站票务处，由车站售票员操作，主要具有发售车票、充值及处理各类问题车票的功能；能定时将相关资料，如各班次售票员操作信息和收益信息等上传到车站计算机，以便进行分析、统计、收益查询，并生成相应报表，作为售票员收益结算依据。

2. 半自动售票机（BOM）监控

在 BOM 管理界面上可以清楚地看到半自动售票机（BOM）的位置及数量，还能开启、关闭 BOM，如图 6-5 所示。

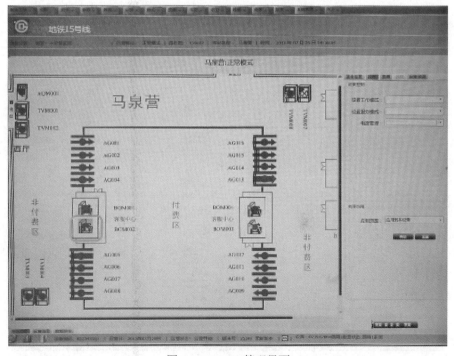

图 6-5　BOM 管理界面

系统还能够设置 BOM 的工作模式（如售票模式、补票模式、售补票模式），如图 6-6 所示。

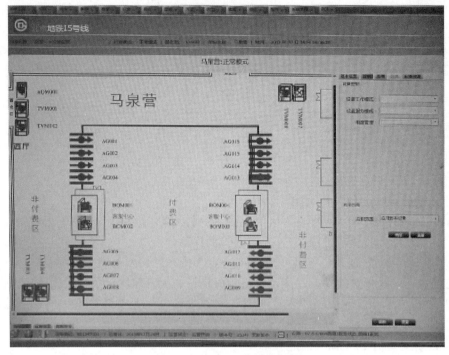

图 6-6　BOM 工作模式设置

系统还能设置 BOM 的服务模式（如暂停服务、开始服务），如图 6-7 所示。

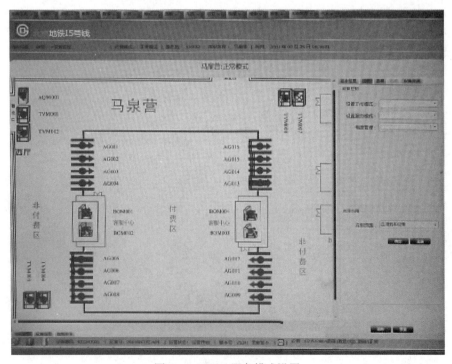

图 6-7　BOM 服务模式设置

BOM 正常服务模式界面如图 6-8 所示。

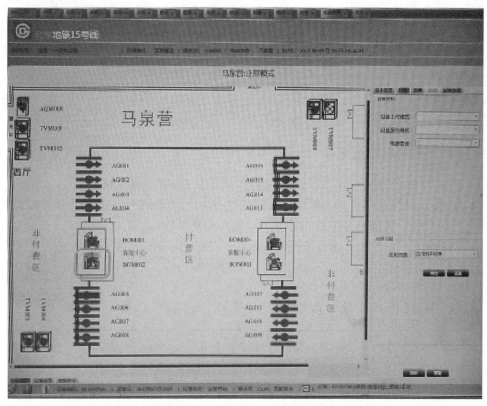

图 6-8 BOM 正常服务模式界面

☞任务实施

一、自主补全以下流程

1. 当 BOM 出现卡票故障时进行处理的流程

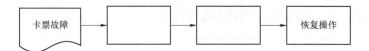

2. 在 BOM 票箱空情况下对票箱进行更换流程

3. 当 BOM 发生故障时进行报修、记录流程

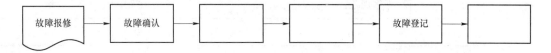

4. 在 BOM 无法连接中心的情况下使用管理认证卡启动 BOM 设备流程

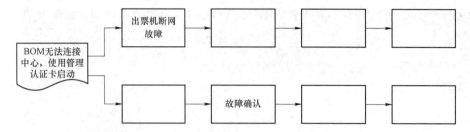

二、设备实操与注意事项

（1）无法对 BOM 进行远程控制，相关操作只能在 BOM 设备上进行。

（2）BOM 无法发售车票时，需先确认问题性质，是票箱将空，还是出票机故障，若为票箱将空，及时更换，确保设备能够正常使用；若为出票机故障，及时报修。

（3）当 BOM 车票单元与读卡器通信中断时，使用管理认证卡将设备恢复到正常状态。

👉 任务评价

一、当 BOM 出现卡票故障时进行处理操作评价

评价内容		评价标准	分 值	自评	他评
整体表现	形象	动作舒展，准确，利落	5		
作业内容	卡票故障	准确打开出票机	30		
		准确取出票卡	35		
		及时恢复操作	20		
		操作规范，一次成功	10		
总分			100		

二、在 BOM 票箱空情况下对票箱进行更换操作评价

评价内容		评价标准	分 值	自评	他评
整体表现	形象	动作舒展，准确，利落	5		
作业内容	更换票箱	准确卸下空票箱	20		
		准确补充票卡	20		
		准确安装票箱	25		
		恢复操作	20		
		操作规范，一次成功	10		
总分			100		

三、当 BOM 发生故障时进行报修、记录操作评价

评价内容		评价标准	分 值	自评	他评
整体表现	形象	动作舒展，准确，利落	5		
作业内容	故障报修	准确确认故障	20		
		及时报修	20		
		准确上报故障	20		
		准确登记故障	10		
		顺利进行设备试验	15		
		操作规范，一次成功	10		
总分			100		

四、在 BOM 无法连接中心的情况下使用管理认证卡启动 BOM 设备操作评价

评价内容		评价标准	分 值	自评	他评
整体表现	形象	动作舒展，准确，利落	5		
作业内容	出票机断网故障	准确确认故障	20		
		准确操作管理认证卡	10		
		顺利完成认证管理	10		
		操作规范，一次成功	10		
	读写器断网故障	准确确认故障	15		
		准确操作管理认证卡	10		
		顺利完成认证管理	10		
		操作规范，一次成功	10		
总分			100		

评价自己对本任务知识与技能的掌握程度，在下表相应空格里画"√"。

评价内容	差	合格	良好	优秀
对半自动售票机组成及功能知识的掌握程度				
对当 BOM 出现卡票故障时进行处理流程的掌握程度				
对在 BOM 票箱空情况下对票箱进行更换流程的掌握程度				
对当 BOM 发生故障时进行报修、记录流程的掌握程序				
对在 BOM 无法连接中心的情况下使用管理认证卡启动 BOM 设备流程的掌握程度				
学习中存在的问题或感悟				

任务二 自动售票机（TVM）监视

👉 情景设置

小陆通过培训后第一天进入车站实习，随后综控员带着小陆去熟悉整个车站的环境，刚好车站自动售票机（ticket vending machine，TVM）清算票箱时出现故障，综控员通过过硬的技能快速处理故障并完成清算工作，小陆非常佩服。

👉 任务布置

能够判断自动售票机的故障原因并及时上报，通过自动售票机完成票箱和钱箱的更换，并完成结账操作。

👉 任务分解

一、当 TVM 出现卡票、卡币故障时进行处理流程

当 TVM 出现卡票、卡币故障时进行处理流程如图 6-9 所示。

图 6-9 当 TVM 出现卡票、卡币故障时进行处理流程

二、补卡、补零钱操作流程

补卡、补零钱操作流程如图 6-10 所示。

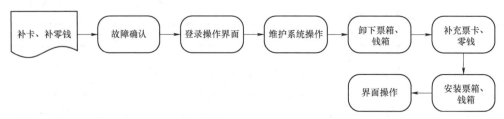

图 6-10 补卡、补零钱操作流程

三、对 TVM 设备票箱与钱箱进行更换流程

对 TVM 设备票箱与钱箱进行更换流程如图 6-11 所示。

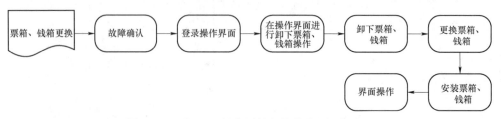

图 6-11 对 TVM 设备票箱与钱箱进行更换流程

四、对 TVM 设备进行结账操作流程

对 TVM 设备进行结账操作流程如图 6-12 所示。

图 6-12　对 TVM 设备进行结账操作流程

五、当 TVM 发生故障时进行报修、记录操作流程

当 TVM 发生故障时进行报修、记录操作流程如图 6-13 所示。

图 6-13　当 TVM 发生故障时进行报修、记录操作流程

六、在 TVM 无法连接中心的情况下使用管理认证卡启动 TVM 设备流程

在 TVM 无法连接中心的情况下使用管理认证卡启动 TVM 设备流程如图 6-14 所示。

图 6-14　在 TVM 无法连接中心的情况下使用管理认证卡启动 TVM 设备流程

七、知识准备

自动售票机如图 6-15 所示，其设置在车站非付费区，主要有发售普通单程票、储值卡充值和收益结算等功能，能接受纸币、硬币等支付方式。乘客选择票价，投入相应现金后，设备自动出售单程车票，点击设备充值按钮并将储值卡插入相应位置，投入相应充值现金，设备自动对储值卡进行充值。在购票过程中，自动售票机可识别市面上流通的主要币种，收到伪币时自动退回，能通过一次交易发售多张车票，并识别乘客支付金额与所选购车票金额。自动售票机发售车票时，通常能在车票上记录发售日期、发售时间、有效代码、车票票值、校验安全代码等信息。同时，自动售票机能定时将相关操作信息和收益信息等上传到车站计算机，以便进行分析、统计、收益查询，并生成相关报表。目前大部分自动售票机已具备网络支付功能。

如图 6-16 所示，所圈区域为自动售票机（TVM），可通过 SC 对该设备进行远程开启、关闭、重新启动，以及设置工作模式、服务模式操作。

图 6-15　自动售票机

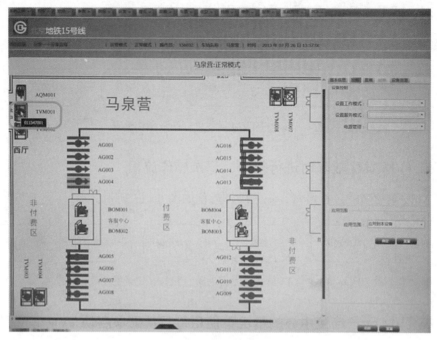

图 6-16 TVM 管理界面

TVM 工作模式有：找零模式、只收纸币模式、只收硬币模式、只售票模式、只充值模式、不收纸币模式、不收硬币模式、无硬币找零模式、无纸币找零模式，以及恢复正常模式。

TVM 服务模式有：暂停模式、开始服务模式。TVM 服务模式设置如图 6-17 所示。

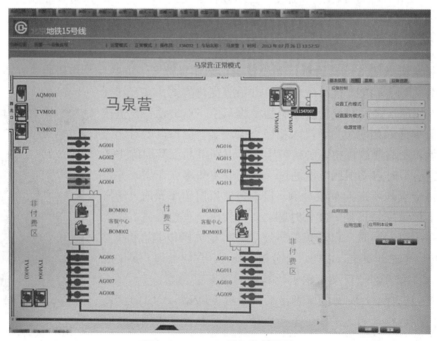

图 6-17 TVM 服务模式设置

通过 SC 可以对 TVM 内的票箱状态进行监视，绿色表示票箱为正常状态，白色表示票箱为将空状态，红色表示票箱为将满状态，如图 6-18 所示。

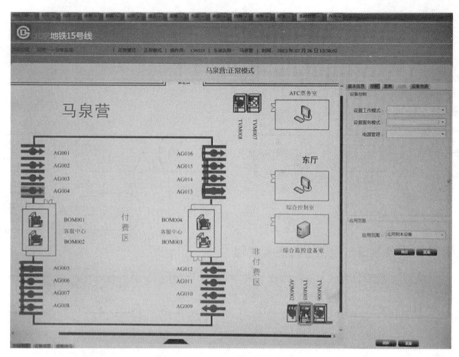

图 6-18 TVM 状态显示界面

当乘客在现场遇到困难需要帮助时，可以按一下 TVM 的招援按钮，此时，综控室内的 SC 工作站会弹出报警信息，工作人员应尽快到达现场进行处理。报警信息弹出界面如图 6-19 所示。

图 6-19 报警信息弹出界面

任务实施

一、自主补全以下流程

1. 当 TVM 出现卡票、卡币故障时进行处理流程

卡票、卡币故障 → □ → □ → 登录操作界面 → 恢复操作 → □

2. 补卡、补零钱操作流程

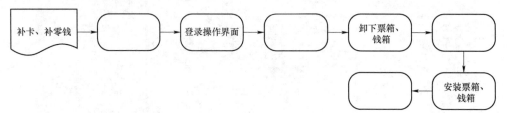

补卡、补零钱 → □ → 登录操作界面 → □ → 卸下票箱、钱箱 → □ → 安装票箱、钱箱 → □

3. 对 TVM 设备票箱与钱箱进行更换流程

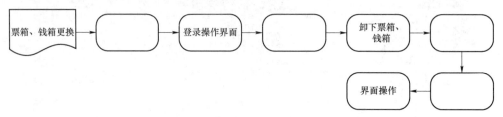

票箱、钱箱更换 → □ → 登录操作界面 → □ → 卸下票箱、钱箱 → □ → 界面操作 → □

4. 对 TVM 设备进行结账操作流程

结账操作 → 操作界面 → □ → □ → 结账操作

5. 当 TVM 发生故障时进行报修、记录操作流程

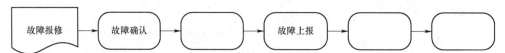

故障报修 → 故障确认 → □ → 故障上报 → □

6. 在 TVM 无法连接中心的情况下使用管理认证卡启动 TVM 设备流程

无法连接中心，使用管理认证卡启动 → □ → 管理认证卡操作 → 登录操作界面 → □

二、设备实操与注意事项

（1）SC 上显示 TVM 处有乘客招援时，确认 TVM 设备编号及状态，及时到达现场进行处理。

（2）实时监视 TVM 状态，发现票箱将空时及时更换票箱，找零款不足时及时补充零钱。

（3）当 TVM 无法连接中心时，使用管理认证卡恢复设备到正常状态；

（4）维修人员对设备进行维修时，须由车站综控员进行监视。

任务评价

一、当 TVM 出现卡票、卡币故障进行处理操作评价

评价内容		评价标准	分 值	自评	他评
整体表现	形象	动作舒展，准确，利落	5		
作业内容	卡票、卡币故障处理	准确查找故障	20		
		准确处理故障	20		
		顺利登录操作界面	20		
		准确进行恢复操作	10		
		及时上报故障	15		
		操作规范，一次成功	10		
总分			100		

二、补卡、补零钱操作评价

评价内容		评价标准	分 值	自评	他评
整体表现	形象	动作舒展，准确，利落	5		
作业内容	补卡、补零钱操作	准确确认故障	10		
		顺利登录操作界面	10		
		准确进行维护系统操作	10		
		顺利卸下票箱、钱箱	10		
		顺利补充票卡、零钱	15		
		顺利安装票箱、钱箱	10		
		准确进行界面操作	20		
		操作规范，一次成功	10		
总分			100		

三、对 TVM 设备票箱与钱箱进行更换操作评价

评价内容		评价标准	分 值	自评	他评
整体表现	形象	动作舒展，准确，利落	5		
作业内容	票箱、钱箱更换操作	准确确认故障	10		
		准确登录操作界面	10		
		准确在操作界面进行卸下票箱、钱箱操作	10		
		顺利卸下票箱、钱箱	10		
		顺利更换票箱、钱箱	15		
		顺利安装票箱、钱箱	10		
		准确进行界面操作	20		
		操作规范，一次成功	10		
总分			100		

四、对 TVM 设备进行结账操作评价

评价内容		评价标准	分 值	自评	他评
整体表现	形象	动作舒展，准确，利落	5		
作业内容	故障结账操作	顺利登录操作界面	20		
		顺利清空硬币	20		
		顺利卸下票箱	20		
		准确进行结账操作	25		
		操作规范，一次成功	10		
总分			100		

五、当 TVM 发生故障时进行报修、记录操作评价

评价内容		评价标准	分 值	自评	他评
整体表现	形象	动作舒展，准确，利落	5		
作业内容	故障报修操作	准确确认故障	20		
		准确报修故障	20		
		及时上报故障	15		
		准确登记故障	20		
		顺利进行设备试验	10		
		操作规范，一次成功	10		
总分			100		

六、在 TVM 无法连接中心的情况下使用管理认证卡启动 TVM 设备评价

评价内容		评价标准	分 值	自评	他评
整体表现	形象	动作舒展，准确，利落	5		
作业内容	管理认证卡启动操作	及时确认故障	20		
		准确判断实施管理认证卡操作	20		
		顺利登录操作界面	20		
		顺利进行认证	25		
		操作规范，一次成功	10		
总分			100		

评价自己对本任务知识与技能的掌握程度，在下表相应空格里画"√"。

评价内容	差	合格	良好	优秀
对自动售票机基础知识的掌握程度				
对当 TVM 出现卡票、卡币故障时进行处理流程的掌握程度				
对 TVM 设备票箱、钱箱进行更换流程的掌握程度				
对 TVM 设备进行结账操作流程的掌握程度				
对在 TVM 无法连接中心的情况下使用管理认证卡启动 TVM 设备流程的掌握程度				
学习中存在的问题或感悟				

任务三　自动检票机（AG）监视

☞ 情景设置

地铁 14 号线某车站为高铁、地铁枢纽型车站，同时该站还是换乘车站，日均进出站客流

量超过 30 万人次。该站通往高铁车站的自动检票机（auto gate，AG）处，共有 12 个通道，某日出现 3 个通道不回收单程票卡故障，造成短时间乘客拥堵。如果你是车站值班员，应当如何处理？

☞任务布置

以小组为单位开展现场模拟处理。

实训人员扮演不同的角色，完成实训任务要求的各项问答，互相监督、互相提出改进意见。

☞任务分解

一、当 AG 出现卡票故障时进行处理流程

当 AG 出现卡票故障时进行处理流程如图 6-20 所示。

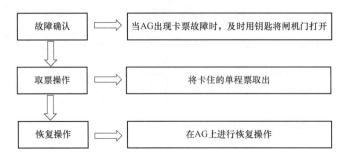

图 6-20　当 AG 出现卡票故障时进行处理流程

二、在 AG 票箱满情况下对票箱进行更换流程

在 AG 票箱满情况下对票箱进行更换流程如图 6-21 所示。

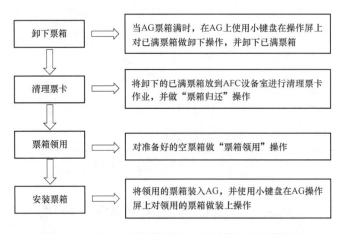

图 6-21　在 AG 票箱满情况下对票箱进行更换流程

三、对 AG 票箱进行运营结束后的清点回收（盘库）流程

对 AG 票箱进行运营结束后的清点回收操作（盘库）流程如图 6–22 所示。

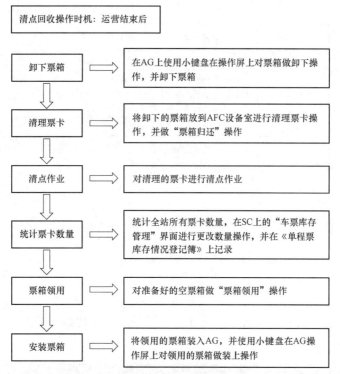

图 6–22　对 AG 票箱进行运营结束后的清点回收操作（盘库）流程

四、当 AG 发生故障时进行报修、记录流程

当 AG 发生故障时进行报修、记录流程如图 6–23 所示。

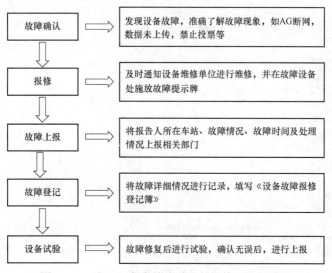

图 6–23　当 AG 发生故障时进行报修、记录流程

五、上报相关信息流程

上报相关信息流程如图6-24所示。

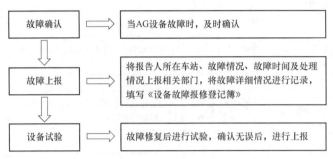

图6-24 进行相关信息上报流程

六、知识准备

在自动检票机上完成检票作业的过程，一般是由乘客手持磁介质车票或储值卡在进、出站检票机处刷卡，自动检票机对客票进行识读，系统自动辨别车票的真伪并将相应信息存入系统，同时将检票结果反映在检票机的指示灯上：显示绿灯，则可从检票机通过，显示红灯，则不能从检票机通过。

AG管理界面如图6-25所示。

请扫描二维码，获取数字教学资源

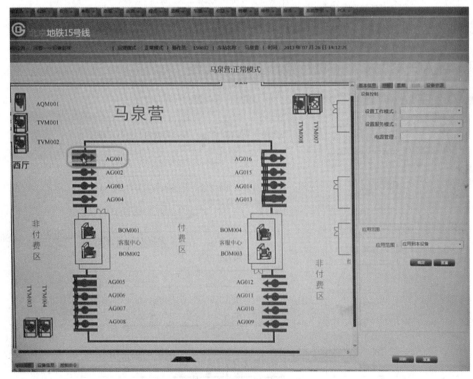

图6-25 AG管理界面

　　通过 SC 可以对 AG 进行远程开启、关闭、重新启动，设置工作模式、服务模式操作，AG 开启、关闭操作界面如图 6-26 所示。

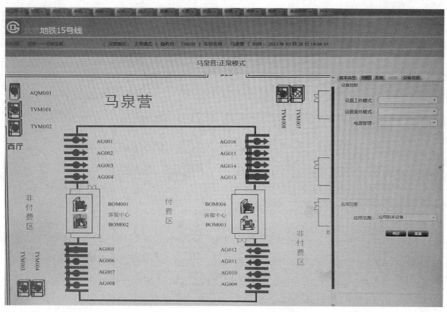

图 6-26　AG 开启、关闭操作界面

　　工作模式有：进站模式（见图 6-27）、出站模式（见图 6-28）、双向模式、闸门常开模式、闸门常关模式。

　　服务模式有：正常服务模式（见图 6-29）、暂停服务模式（见图 6-30）。

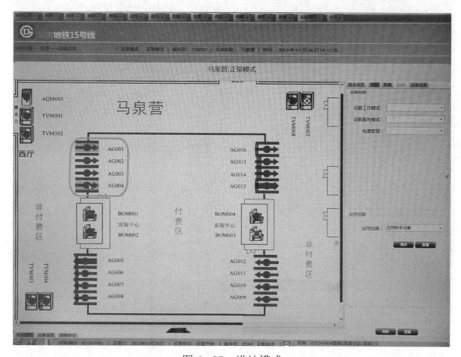

图 6-27　进站模式

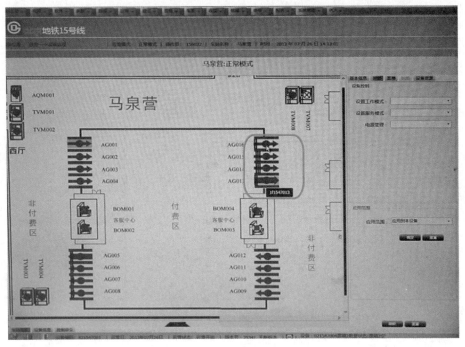

图 6-28　出站模式

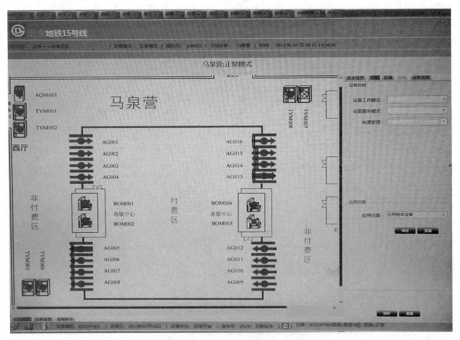

图 6-29　正常服务模式

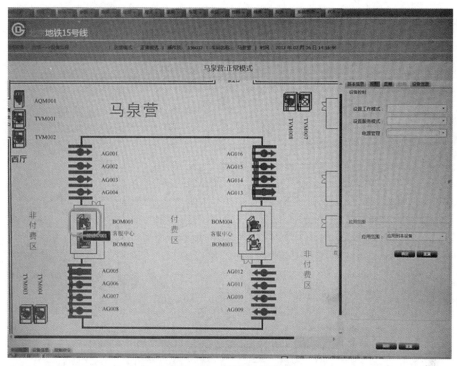

图 6-30　暂停服务模式

通过 SC 可以进行当日客流及历史客流查询。

当日客流查询方法：单击【运营】，再单击【客流监视】，如图 6-31 所示，此界面显示当日客流统计情况。

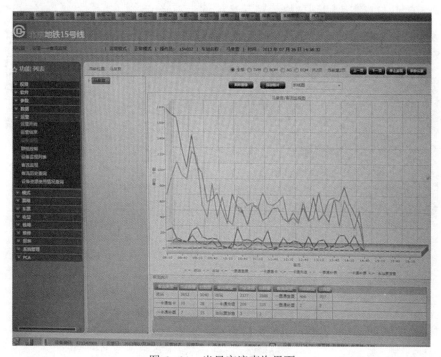

图 6-31　当日客流查询界面

历史客流查询方法：单击【运营】，再单击【历史客流查询】，如图6-32所示。

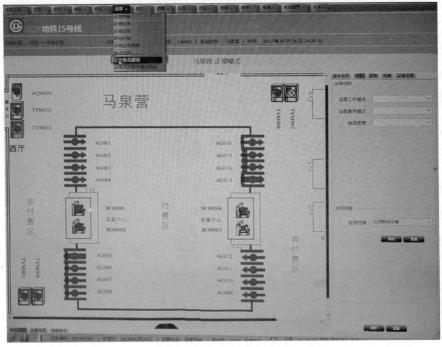

图6-32　历史客流查询界面

查询历史客流统计情况的方法：选择开始的日期和结束的日期，选择完毕后，单击【确定】，界面会显示所选择时间段的历史客流统计表。如图6-33所示，从下午5点左右开始客流迅速上升，7点左右客流达到顶峰，然后客流逐步下降。

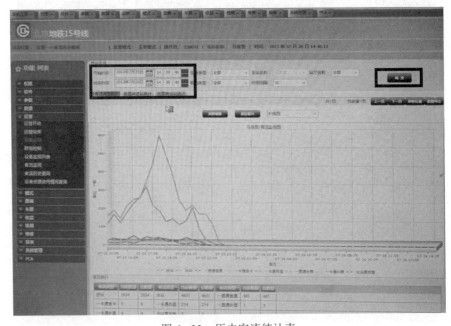

图6-33　历史客流统计表

☞ **任务实施**

一、自主补全以下流程

1. 当 AG 出现卡票故障时进行处理流程

2. 在 AG 票箱满情况下对票箱进行更换流程

3. 对 AG 票箱进行运营结束后的清点回收（盘库）流程

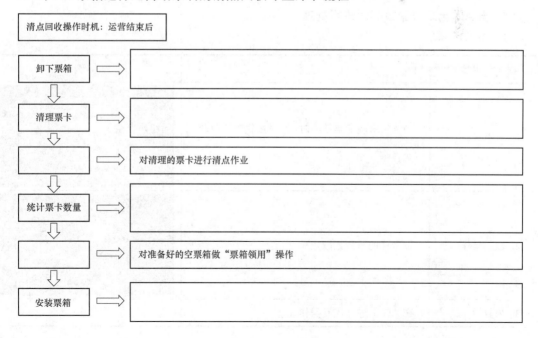

4. 当 AG 发生故障时进行报修、记录流程

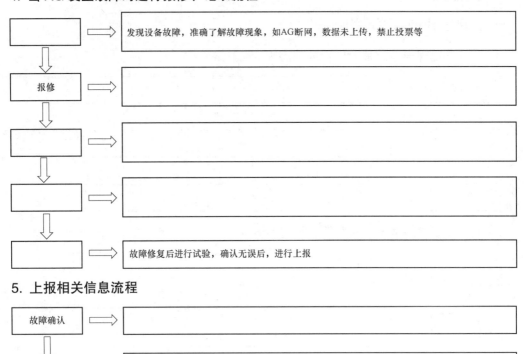

		发现设备故障，准确了解故障现象，如AG断网，数据未上传，禁止投票等
报修		
		故障修复后进行试验，确认无误后，进行上报

5. 上报相关信息流程

故障确认		
故障上报		
设备试验		

二、实操作业

1. 当 AG 出现卡票故障时进行处理

1）操作步骤

程序（步骤）	内容	图例
1. 故障确认	当 AG 出现卡票故障时，及时用钥匙将闸机门打开	卡票 请通知工作人员 Ticket jammed Please contact our staff
2. 取票操作	将卡住的单程票取出	使运输带转动
3. 恢复操作	在 AG 上进行恢复操作	

2）标准

操作设备时应做到熟练、正确。

3）注意事项

在处理卡票故障时注意自身安全，不要接触出票机齿轮及传送带，避免设备自动运转造成人身伤害。

2. 在 AG 票箱满情况下对票箱进行更换

1）操作步骤

程序（步骤）	内　　容	图例
1. 卸下票箱	当 AG 票箱满时，在 AG 上使用小键盘在操作屏上对已满票箱做卸下操作，并卸下已满票箱	
2. 清理票卡	将卸下的已满票箱放到 AFC 设备室进行清理票卡作业，并做"票箱归还"操作	
3. 票箱领用	对准备好的空票箱做"票箱领用"操作	
4. 安装票箱	将领用的票箱装入 AG，并使用小键盘在 AG 操作屏上对领用的票箱做装上操作	

2）标准

操作设备时应做到熟练、正确，按规章办理。

3）注意事项

（1）实时监视 AG 状态，发现票箱将满时及时更换票箱。

（2）按规定流程进行票箱更换操作。

① 卸下票箱时，先在设备上做"卸下"操作，再卸下票箱。

② 装上票箱时，先装上票箱，然后在设备上做"装上"操作。

3. 对 AG 票箱进行运营结束后的清点回收（盘库）

1）操作步骤

程序（步骤）	内　　容
1. 清点回收操作时机	运营结束后，对全站所有票箱进行清空操作，进行票卡清点作业
2. 卸下票箱	在 AG 上使用小键盘在操作屏上对票箱做卸下操作，并卸下票箱
3. 清理票卡	将卸下的票箱放到 AFC 设备室进行清理票卡操作，并做"票箱归还"操作
4. 清点作业	对清理的票卡进行清点作业
5. 统计票卡数量	统计全站所有票卡数量，在 SC 上的"车票库存管理"界面进行更改数量操作，并在《单程票库存情况登记簿》上记录
6. 票箱领用	对准备好的空票箱做"票箱领用"操作
7. 安装票箱	将领用的票箱装入 AG，并使用小键盘在 AG 操作屏上对领用的票箱做装上操作

2）标准

操作设备时应做到熟练、正确；清点作业时认真仔细，按规章办理。

3）注意事项

（1）每月 20 日进行车票盘点工作。

（2）按规定流程进行票箱更换操作。

① 卸下票箱时，先在设备上做"卸下"操作，再卸下票箱。

② 装上票箱时，先装上票箱，然后在设备上做"装上"操作。

4. 当 AG 发生故障时进行报修、记录

1）操作步骤

程序（步骤）	内　　容
1. 故障确认	发现设备故障，准确了解故障现象，如 AG 断网，数据未上传，禁止投票等
2. 报修	及时通知设备维修单位进行维修，并在故障设备处施放故障提示牌
3. 故障上报	将报告人所在车站、故障情况、故障时间及处理情况上报相关部门
4. 故障登记	将故障详细情况进行记录，填写《设备故障报修登记簿》
5. 设备试验	故障修复后进行试验，确认无误后，进行上报

2）标准

确认故障时应做到及时、准确；上报故障时应做到语言简练、规范、完整；记录故障时应做到语言准确，字体清晰、工整。

3）注意事项

（1）维修人员对设备进行维修时，须由车站综控员进行监视。

（2）当 AG 通信中断时，使用管理认证卡恢复设备到正常状态。

5. 上报相关信息

1）操作步骤

程序（步骤）	内　　容
1. 故障确认	当 AG 设备故障时，及时确认
2. 故障上报	将报告人所在车站、故障情况、故障时间及处理情况上报相关部门，将故障详细情况进行记录，填写《设备故障报修登记簿》
3. 设备试验	故障修复后进行试验，确认无误后，进行上报

2）标准

确认故障时应做到及时、准确；上报故障时应做到语言简练、规范、完整；记录故障时应做到语言准确，字体清晰、工整。

3）注意事项

当车站设备发生故障时，除向维修单位及环控调度员报告外，还须向生产调度室及 OCC 调度中心报告。

☞ **任务评价**

当 AG 出现卡票故障时进行处理评价

评价内容		评价标准	分 值	自评	他评
整体表现	形象	动作舒展，准确，利落	20		
作业内容	故障处理	准确确认故障	20		
		顺利进行取票操作	20		
		顺利进行恢复操作	20		
		操作规范，一次成功	20		
总分			100		

在 AG 票箱满情况下对票箱进行更换评价

评价内容		评价标准	分 值	自评	他评
整体表现	形象	动作舒展，准确，利落	10		
作业内容	票箱更换	顺利卸下票箱	20		
		顺利清理票卡	20		
		顺利领用票箱	20		
		顺利安装票箱	20		
		操作规范，一次成功	10		
总分			100		

对 AG 票箱进行运营结束后的清点回收（盘库）评价

评价内容		评价标准	分 值	自评	他评
整体表现	形象	动作舒展，准确，利落	10		
作业内容	清点回收	准确掌握清点回收操作时机	10		
		顺利卸下票箱	10		
		顺利清理票卡	10		
		顺利进行清点作业	20		
		准确统计票卡数量	10		
		顺利进行票箱领用	10		
		顺利安装票箱	10		
		操作规范，一次成功	10		
总分			100		

当 AG 发生故障时进行报修、记录评价

评价内容		评价标准	分 值	自评	他评
整体表现	形象	动作舒展，准确，利落	10		
作业内容	报修记录	准确确认故障	10		
		及时报修	20		
		准确上报故障	20		
		准确登记故障	20		
		顺利进行设备试验	10		
		操作规范，一次成功	10		
总分			100		

上报相关信息评价

评价内容		评价标准	分 值	自评	他评
整体表现	形象	动作舒展，准确，利落	20		
作业内容	信息上报	准确确认故障	20		
		准确上报故障	20		
		顺利进行设备试验	20		
		操作规范，一次成功	20		
总分			100		

评价自己对本任务知识与技能的掌握程度，在下表相应空格里画"√"。

评价内容	差	合格	良好	优秀
对自动检票机基础知识的掌握程度				
对自动检票机管理界面的掌握程度				
对当 AG 出现卡票故障时进行处理操作的掌握程度				
对在 AG 票箱满情况下对票箱进行更换操作的掌握程度				
对 AG 票箱进行运营结束后的清点回收（盘库）操作的掌握程度				
对当 AG 发生故障时进行报修、记录操作的掌握程度				
进行上报相关信息操作的掌握程度				
学习中存在的问题或感悟				

任务四　自动查询机监视

情景设置

地铁 14 号线某车站为高铁、地铁枢纽型车站，同时该站还是换乘车站，日均进出站客流量超过 30 万人次。该站通往高铁车站的出口闸机处，总有 2 台自动查询机出现故障，网络连接中断。如果你是车站值班员，应如何处理？

任务布置

以小组为单位开展现场模拟处理。

实训学生：扮演不同的角色，完成实训任务要求的各项问答，互相监督、互相提出改进意见。

任务分解

一、查询机故障处理流程

查询机故障处理流程如图 6-34 所示。

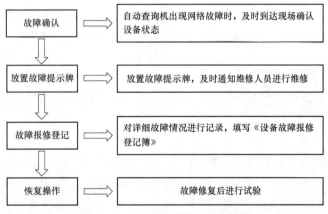

| 故障确认 | ⇒ | 自动查询机出现网络故障时，及时到达现场确认设备状态 |

| 放置故障提示牌 | ⇒ | 放置故障提示牌，及时通知维修人员进行维修 |

| 故障报修登记 | ⇒ | 对详细故障情况进行记录，填写《设备故障报修登记簿》 |

| 恢复操作 | ⇒ | 故障修复后进行试验 |

图 6-34　查询机故障处理流程图

二、知识准备

1. 自动查询机基础知识

自动查询机由机柜外壳、触摸显示器、工控主机、查询软件系统等组成，供乘客查询票卡信息使用。自动查询机配备了可读取乘客所持车票信息的读写器和用于接受乘客输入操作和显示查询结果的触摸显示器，它设置于车站站厅的非付费区内。

自动查询机如图 6-35 所示。

图 6-35　自动查询机

2. 自动查询机的功能

自动查询机可实现车票查询、服务信息显示、运营管理、维护管理、数据交换、状态监测及离线工作等 7 项功能。

1）车票查询

自动查询机能够查询车票内记录的历史交易信息。查询服务可以回溯车票内记录的历史信息，包括票种、购票时间、进站时间、出站时间、进站地点、出站地点、扣费金额、剩余金额和有效期等。

2）服务信息显示

自动查询机能够显示乘客服务信息，包括 AFC 系统介绍、AFC 系统使用指南和其他公告信息等。

3）运营管理

自动查询机能够根据参数或者接受 SC 命令在不同的服务模式下运行，当模式发生改变时，上传模式改变信息给 SC。能够从 SC 接收最新的参数及软件版本，包括黑名单卡、模式履历表等。能够通过参数在指定时间进行运营结束操作，上传本日内查询人数统计数据、设备运行数据，随后关闭操作系统和设备电源。

4）维护管理

自动查询机能够执行运行维护管理功能，此时显示器同时作为维护接口显示器。维护管理功能包括运行统计信息显示、本地参数设置、数据导入/导出、系统关闭等。

5）数据交换

自动查询机通过车站网络与 SC 相连，上传设备状态等信息，下载设置参数等数据。

6）状态监测

自动查询机在 SC 的监控下运行，实时、自动向 SC 上传设备状态、运行模式、报警及故障等信息。

7）离线工作

自动查询机能在离线状态下工作，即在与 SC 之间的通信中断时，也能正常工作。通信恢复后，相应信息自动上传 SC。

3. 自动查询机原理

乘客可通过红外触摸屏获取查询内容，例如乘客须知、列车时刻表、车站通知等。通过将票卡放置在乘客触摸屏下方的读卡器天线面板上，乘客可查询票卡内详细信息，例如旅程信息、消费充值信息等。

4. 常遇问题分析与处理

发现自动查询机断网、显示器蓝屏/黑屏时，及时到达现场确认设备状态，并在故障设备处放置故障提示牌，及时通知通信维修人员进行维修，确保设备始终处于正常工作状态。将故障情况上报相关部门，对详细故障情况进行记录，填写《设备故障报修登记簿》，故障修复后进行试验，确认无误后，进行上报。

任务实施

一、注意事项

（1）自动查询机须与其他 AFC 设备运营时间同步。
（2）当 SC 无法远程控制自动查询机时，由综控员到达现场进行控制。

二、自主补全以下流程

任务评价

评价自己对本任务知识与技能的掌握程度，在下表相应空格里画"√"。

评价内容	差	合格	良好	优秀
对自动查询机基础知识、功能及原理的掌握程度				
对当自动查询机断网、显示器蓝屏/黑屏时的处置流程的掌握程度				
学习中存在的问题或感悟				

项 目 训 练

班级：　　　　　　　　　　姓名：　　　　　　　　　　训练时间：

任务训练单	自动售检票（AFC）监控系统运用
任务目标	掌握半自动售票机（BOM）、自动售票机（TVM）、自动检票机（AG）、自动查询机的相关知识，能进行半自动售票机（BOM）、自动售票机（TVM）、自动检票机（AG）、自动查询机的监视和操作

任务训练

任务训练说明：请从下列任务中选择其中的两个进行训练。

半自动售票机（BOM）、自动售票机（TVM）、自动检票机（AG）、自动查询机的监视和操作

任务训练一：

（总结作业流程，并在实训室进行实操训练或在模拟软件上完成实操训练）

任务训练二：

（总结作业流程，并在实训室进行实操训练或在模拟软件上完成实操训练）

任务训练的其他说明或建议：

指导老师评语：

任务完成人签字：　　　　　　　　　日期：　　年　　月　　日

指导老师签字：　　　　　　　　　　日期：　　年　　月　　日

项　目　小　结

　　本项目主要介绍了自动售检票（AFC）监控系统的运用，具体包括半自动售票机（BOM）、自动售票机（TVM）、自动检票机（AG）、自动查询机的监视和操作。

　　在进行监视和操作之前，我们需要了解、掌握 AFC 系统及其相关设备的基础理论知识。半自动售票机（BOM）安装在车站票务处，由车站售票员操作，具有发售车票、充值及处理各类问题车票的功能，能定时将相关资料上传到车站计算机。自动售票机简称 TVM，设置在车站非付费区，有发售普通单程票、储值卡充值和收益结算等功能，能接受纸币、硬币、网络等支付方式。乘客通过自动检票机完成检票作业（乘客手持磁介质车票在进、出站检票机处刷卡，系统自动辨别车票的真伪并将相应信息存在系统，且反映在检票机上，绿灯可通过检票机，红灯则不能通过检票机）。自动查询机由机柜外壳、触摸显示器、工控主机、查询软件系统等组成，供乘客查询票卡信息使用。

项目七　应急控制盘（IBP）运用操作

案例导学

　　经过一个学期的学习，小明和他的同学对城市轨道交通综合监控系统各方面的知识与技能有了系统的了解，然而在实际工作中，各模块都会出现突发情况，面对突发情况应该如何操作呢？一些应急设备在实际操作中的使用要求和使用方法是什么呢？

　　本项目将详细介绍应急控制盘（integrated backup panel，IBP）中所包含的各操作区（如环境与设备监控操作区、气体灭火操作区、供电操作区、安全门操作区、信号操作区、自动售检票操作区，以及门禁操作区等）的具体操作方法和操作要求。

知识目标

1. IBP 的构成、功能、使用时机及操作方法；
2. IBP 操作失效后的应急处置；
3. IBP 故障报修流程及记录要求；
4. 掌握设备故障时的信息通报流程。

技能目标

1. 能对 IBP 上各种控制功能指示灯的显示状态进行监视；
2. 能对 IBP 各种控制功能进行操作；
3. 能在 IBP 功能按钮铅封破封使用后通知加封；
4. 能上报相关信息。

建议学时

14 学时

任务一　环境与设备监控操作区操作（开启区间通风）

情景设置

　　如图 7-1 所示，假设由天通苑北站开往天通苑站的 01 列车车头部位起火，列车无法继续运行而被迫停在区间，车厢内乘客较多，需进行区间疏散并立即开启火灾通风。

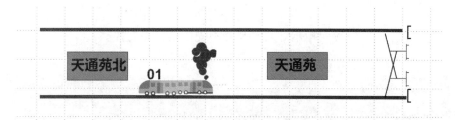

图 7-1 情景模拟示意图

☞ 任务布置

正确判断通风方向，通过操作环境与设备监控系统（BAS）触摸屏启动相应风机，完成对区间列车的通风操作，事故处理完毕后，关闭相应的风机。

☞ 任务分解

一、BAS 区间火灾通风模式流程

BAS 区间火灾通风模式流程如图 7-2 所示。

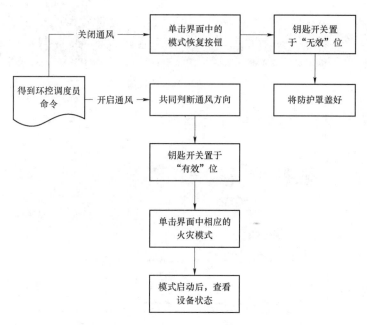

图 7-2 BAS 区间火灾通风模式流程

二、知识准备

（1）如图 7-3 所示，环境与设备监控操作区分别由钥匙开关、触摸屏、灯测试按钮等组成。

① 钥匙开关：用于控制该操作区各模式开启按钮操作的有效性。

② 灯测试（试灯）按钮：按下该按钮则 BAS 所有指示灯均点亮，用于定期测试指示灯性能。

③ 残疾人卫生间紧急呼叫指示灯及蜂鸣器不受模式状态的控制。

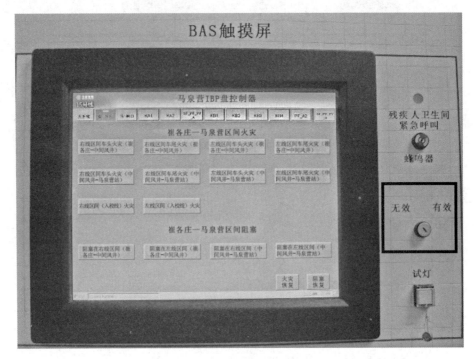

图 7-3　环境与设备监控操作区

（2）通风方向。通风方向示意图如图 7-4 所示。

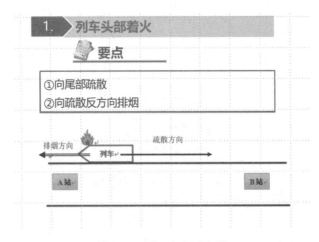

图 7-4　通风方向示意图

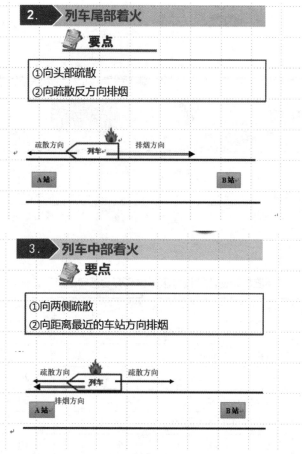

图 7-4 通风方向示意图（续）

👉 任务实施

一、自主补全以下流程

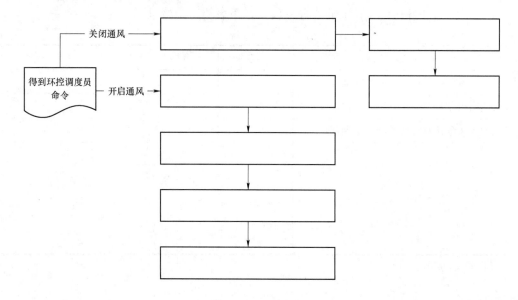

二、用箭头标注情景中的通风方向

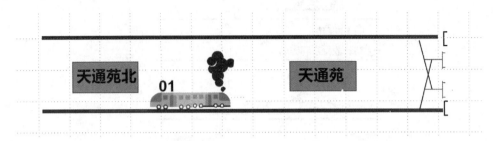

确定通风方向的依据：_____

☞ **任务评价**

环境与设备监控操作区操作（开启区间通风）评价

评价内容		评价标准	分 值	自评	他评
整体表现	形象	动作舒展，准确，利落	5		
作业内容	开启通风	判断通风方向正确	15		
		钥匙开关置于"有效"位	20		
		选择模式正确	20		
		操作规范，一次成功	10		
	关闭通风	恢复模式正确	10		
		钥匙开关置于"无效"位	10		
		操作规范，一次成功	10		
总分			100		

评价自己对本任务知识与技能的掌握程度，在下表相应空格里画"√"。

评价内容	差	合格	良好	优秀
对环境与设备监控操作区组成的掌握程度				
对模式的启用条件及操作方法的掌握程度				
对模式的停止条件及操作方法的掌握程度				
学习中存在的问题或感悟				

任务二　气体灭火操作区操作

情景设置

如图7-5所示，假设某车站的设备用房发生火灾报警，经站务人员确认火灾属实，车站如何进行紧急处理？

图7-5　车站设备用房起火

任务布置

掌握气体灭火操作流程，准确按下相关气体灭火按钮进行灭火。

任务分解

一、气体灭火操作流程

气体灭火操作流程如图7-6所示。

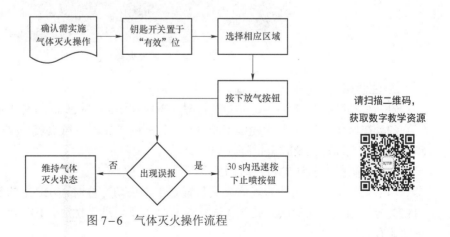

请扫描二维码，获取数字教学资源

图7-6　气体灭火操作流程

二、知识准备

1. 操作区组成及其作用

当车站气灭保护区内发生火灾或当出现误报火警时,可通过气体灭火操作区的相关按钮,启动或停止气体灭火装置作业。如图7-7所示,气体灭火操作区由钥匙开关、气灭控制按钮、气灭控制按钮指示灯、试灯按钮组成。

（1）钥匙开关:用于控制该操作区各模式开启按钮操作的有效性。

（2）气灭控制按钮:用于启动或关停气体灭火装置作业。当按压放气按钮后,气灭保护区内将释放灭火剂;当放气按钮被按下后,出现误报警时,30 s 内按压止喷按钮,气体灭火装置将被关闭。

气灭控制按钮指示灯:按压放气按钮后,指示灯为红色;按压止喷按钮后,指示灯为绿色。

试灯按钮:用于检测该操作区各控制按钮指示灯的状态,当按压该按钮时,状态良好的指示灯将点亮。

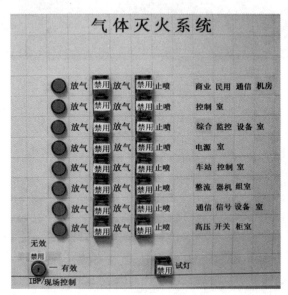

图7-7　气体灭火操作区

2. 注意事项

（1）按钮防护罩应始终处于良好状态,操作完毕后,应及时将防护罩盖好。

（2）在操作"车站排烟风机启动/停止"按钮或"加压送风机启动/停止"按钮时,若"故障"指示灯亮灯,须及时上报环控调度员。

（3）气灭控制按钮的按压时间应不少于2 s。

（4）当气灭保护区外的气体灭火装置处于"手动"位时,IBP上的气体灭火操作区的按钮将失效,当气灭保护区外的气体灭火装置处于"自动"位时,IBP上的气体灭火操作区的按钮才有效。

（5）在非使用状态下,钥匙开关应始终置于"无效"位。

任务实施

一、自主补全以下流程

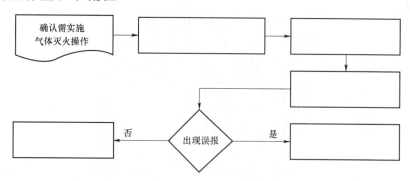

二、完成气灭控制操作

1. 启用条件

（1）确认气灭保护区内发生火灾。

（2）当出现误报时，须在报警后 30 s 内迅速关闭气体灭火装置。

2. 操作方法

（1）将钥匙开关置于"有效"位（操作前）如图 7-8 所示。

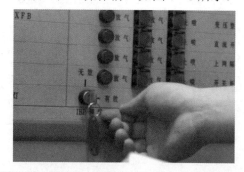

图 7-8　将钥匙开关置于"有效"位（操作前）

（2）如图 7-9 所示，当确认气灭保护区内发生火灾时，按压对应的放气按钮。

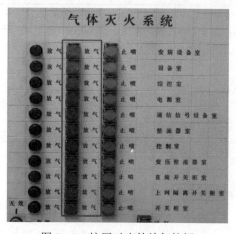

图 7-9　按压对应的放气按钮

（3）如图 7－10 所示，当出现误报时，须在报警后 30 s 内按压对应的止喷按钮。

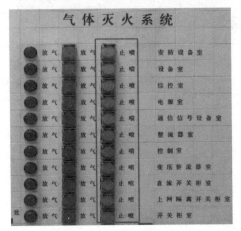

图 7－10　按压对应的止喷按钮

☞任务评价

气体灭火操作区操作评价

评价内容		评价标准	分　值	自评	他评
整体表现	形象	动作舒展，准确，利落	5		
作业内容	开启灭火	正确确认启动条件	15		
		钥匙开关置于"有效"位	20		
		正确按压对应的放气按钮	20		
		操作规范，一次成功	10		
	及时关闭	30 s 内操作	10		
		正确按压止喷按钮	10		
		操作规范，一次成功	10		
总分			100		

评价自己对本任务知识与技能的掌握程度，在下表相应空格里画"√"。

评价内容	差	合格	良好	优秀
对气体灭火操作区组成及其作用知识的掌握程度				
对气体灭火操作启用条件及操作技能的掌握程度				
学习中存在的问题或感悟				

任务三　供电操作区操作

👉 情景设置

如图 7-11 所示，假设在运营时段，某站站台有人翻越安全门掉入轨道，为保证乘客人身安全，应采取紧急断电措施。

图 7-11　供电操作区操作情景

👉 任务布置

掌握紧急断电的流程，准确进行紧急断电操作。

👉 任务分解

一、紧急断电操作流程

紧急断电操作流程如图 7-12 所示。

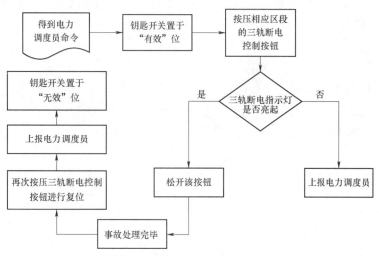

图 7-12　紧急断电操作流程

二、知识准备

1. 操作区组成及其作用

当发生危及人身安全及运营安全的特殊情况时，需对接触轨进行紧急停电操作，可通过操作牵引供电系统控制相应区段的按钮，使该区段的接触轨停电。

牵引供电系统控制装置由三轨断电控制按钮、三轨断电指示灯、钥匙开关组成。

（1）三轨断电控制按钮：对相应区段的接触轨进行停电操作。按压相应区段的三轨断电控制按钮后，相应区段的接触轨停电。

（2）三轨断电指示灯：用于表示接触轨停/送电状态。当指示灯点亮时，表示相应区段的接触轨已停电，当指示灯不亮时，表示相应区段的接触轨已送电。

（3）钥匙开关：用于控制该操作区各分闸按钮操作的有效性。

牵引供电操作区如图7-13所示。

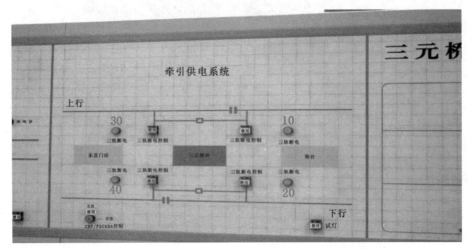

图7-13 牵引供电操作区

2. 注意事项

按下三轨断电控制按钮，确认相应区段接触轨停电后，须适时对三轨断电控制按钮进行复位，否则变电站无法对相关区段进行送电作业。

☞任务实施

一、自主补全以下流程

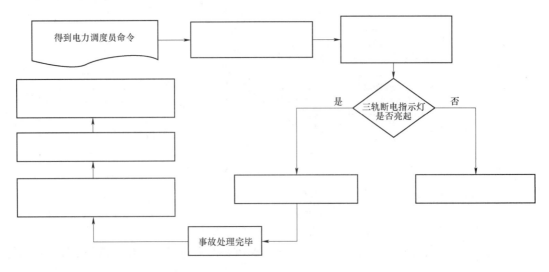

二、紧急停电作业实操

1. 作业条件
得到电力调度员命令或指示后，方准进行作业。

2. 作业方法
（1）将钥匙开关置于"有效"位（操作前）如图7-14所示。

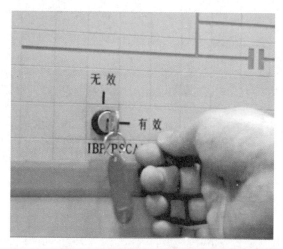

图7-14　将钥匙开关置于"有效"位（操作前）

（2）如图7-15所示，根据需要紧急停电的接触轨线别及位置，按压相应区段的三轨断电控制按钮。

图7-15　按压相应区段的三轨断电控制按钮

（3）如图7-16所示，确认三轨断电指示灯亮灯后，方可松开按钮，若指示灯未点亮，应及时上报电力调度员。

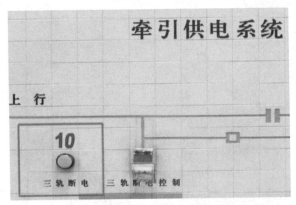

图 7-16　确认三轨断电指示灯亮灯后，方可松开按钮

（4）如图 7-17 所示，进行紧急停电操作完毕后，需再次按压三轨断电控制按钮进行复位，并向电力调度员汇报。

图 7-17　再次按压三轨断电控制按钮进行复位

（5）将钥匙开关置于"无效"位（操作后）如图 7-18 所示。

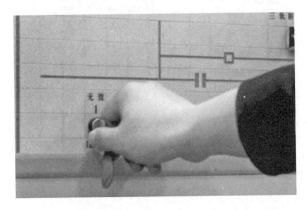

图 7-18　将钥匙开关置于"无效"位（操作后）

👉 任务评价

供电操作区操作评价

评价内容		评价标准	分　值	自评	他评
整体表现	形象	动作舒展，准确，利落	5		
作业内容	断电操作	确认断电条件	10		
		顺利将钥匙开关置于"有效"位	10		
		正确按压相应区段的三轨断电控制按钮	10		
		确认三轨断电指示灯状态	20		
		操作规范，一次成功	10		
	复位	再次按压三轨断电控制按钮进行复位	10		
		向电力调度员汇报	10		
		准确将钥匙开关置于"无效"位	5		
		操作规范，一次成功	10		
总分			100		

评价自己对本任务知识与技能的掌握程度，在下表相应空格里画"√"。

评价内容	差	合格	良好	优秀
对供电操作区组成及其作用知识的掌握程度				
对紧急停电作业的启用条件及操作方法的掌握程度				
学习中存在的问题或感悟				

任务四　安全门操作区操作

☞情景设置

假设在运营时段，列车到站停稳后实施开门作业，突然出现安全门无法联动打开的情况，须进行紧急开门操作。

☞任务布置

掌握通过 IBP 紧急打开安全门的流程，准确进行紧急开启安全门操作。

☞任务分解

一、紧急开启安全门操作流程

紧急开启安全门操作流程如图 7-19 所示。

请扫描二维码，获取数字教学资源

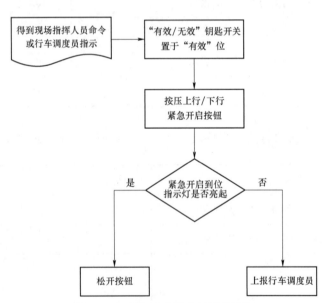

图 7-19　紧急开启安全门操作流程

二、知识准备

（1）IBP 具有安全门（屏蔽门）故障声光报警器、开门指示灯及按钮、关门指示灯及按钮、开首尾门指示灯及按钮、上下行消音按钮、试灯按钮、钥匙开关等装置，如图 7-20 所示。

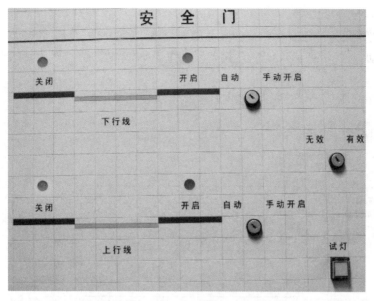

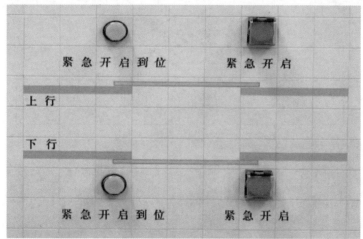

图7-20 安全门操作区域

状态指示灯介绍如下。

① 开门（红色）：显示一侧站台的所有安全门完全打开。

② 关门（绿色）：显示一侧站台的所有安全门关闭和锁紧。

③ 开首尾门（红色）：显示一侧站台首尾门完全打开。

按钮及开关介绍如下。

① 试灯按钮（白色不带灯）：自复位式不带灯按钮，按下时各状态指示灯亮。

②"自动/手动开启"钥匙开关和"有效/无效"钥匙开关：二位开关，插入钥匙后进行操作。

③ 消音按钮（红色不带灯）：自复位式按钮，按下时可消除报警蜂鸣声。

（2）注意事项。

① 紧急开启安全门作业完毕后，须将钥匙开关置于"无效"位。

② 当列车未进入站台时，先进行互锁解除操作，列车进入站台后，使用IBP或现场设备

开启安全门。

③ 使用 IBP 只能开启安全门，如需关闭安全门，须先将安全门"自动/手动开启"钥匙开关置于"自动"位，"有效/无效"钥匙开关置于"无效"位，然后到站台使用端头控制盒关闭安全门。

④ 使用 IBP 开启安全门后须及时向行车调度员说明使用的理由。

👉 **任务实施**

一、自主补全以下流程

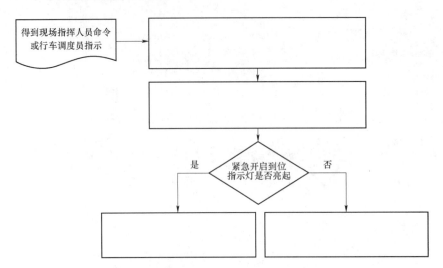

二、紧急开启安全门操作

1. 使用条件

得到现场指挥人员命令或行车调度员指示后，方准进行操作。

2. 使用方法

（1）如图 7-21 所示，将钥匙开关置于"有效"位。

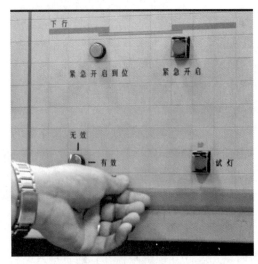

图 7-21　将钥匙开关置于"有效"位

（2）如图 7-22 所示，按压上行/下行紧急开启按钮，此时上行/下行整侧全部的安全门打开。

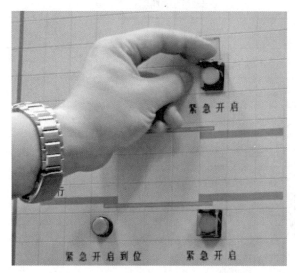

图 7-22　按压上行/下行紧急开启按钮

（3）如图 7-23 所示，确认相应紧急开启到位指示灯点亮，方可松开按钮，若指示灯未点亮，应及时上报行车调度员。

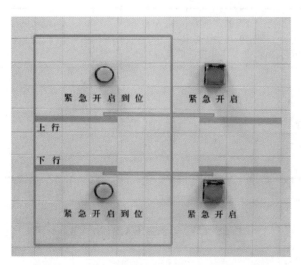

图 7-23　确认相应紧急开启到位指示灯点亮

☞ 任务评价

安全门操作区操作评价

评价内容		评价标准	分 值	自评	他评
整体表现	形象	动作舒展，准确，利落	5		
作业内容	紧急开启	确认启动条件	20		
		准确将"有效/无效"钥匙开关置于"有效"位	20		
		准确按压上行/下行紧急开启按钮	20		
		准确确认紧急开启到位指示灯状态	20		
		顺利松开按钮	5		
		操作规范，一次成功	10		
总分			100		

评价自己对本任务知识与技能的掌握程度，在下表相应空格里画"√"。

评价内容	差	合格	良好	优秀
对安全门操作区组成及其作用知识的掌握程度				
对紧急开启安全门作业的实施条件及作业方法的掌握程度				
学习中存在的问题或感悟				

任务五　信号操作区操作

☞ 情景设置

2014 年 11 月 6 日 19 时 09 分，北京地铁五号线惠新西街南口站一名女性被夹在了车门和安全门中间，后送至医院经抢救不治身亡。如果你是车站的工作人员，发现有乘客夹在车门和安全门中间，应当如何处理？

☞ 任务布置

掌握信号操作区紧急关闭按钮操作流程，准确进行信号操作区紧急关闭操作及复位。

任务分解

一、站台信号紧急关闭及复位操作流程

站台信号紧急关闭及复位操作流程如图 7-24 所示。

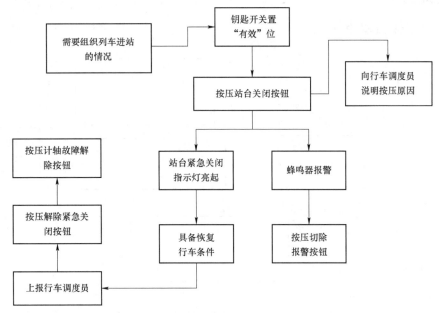

图 7-24　站台信号紧急关闭及复位操作流程

二、知识准备

（1）使用信号操作区紧急关闭按钮，通过关闭相应信号机或使信号系统停止向列车发出移动授权，而使列车停车。当信号控制台发生轨道区段计轴故障时，通过按压相关区段按钮，配合信号控制台计算机复位按钮对故障区段进行复位。

信号操作区由上行/下行站台紧急关闭按钮、上行/下行站台紧急关闭指示灯、上行/下行站台解除关闭按钮、切除报警按钮、蜂鸣器、计轴故障解除按钮、钥匙开关、试灯按钮组成，如图 7-25 所示。

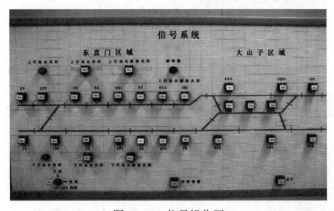

图 7-25　信号操作区

（2）注意事项。

① 按压站台关闭按钮后，车站相应线别的出站信号机、防护信号机及复式信号机将关闭。

② 按压站台关闭按钮后，须及时向行车调度员说明按压的理由。

☞ 任务实施

一、自主补全以下流程

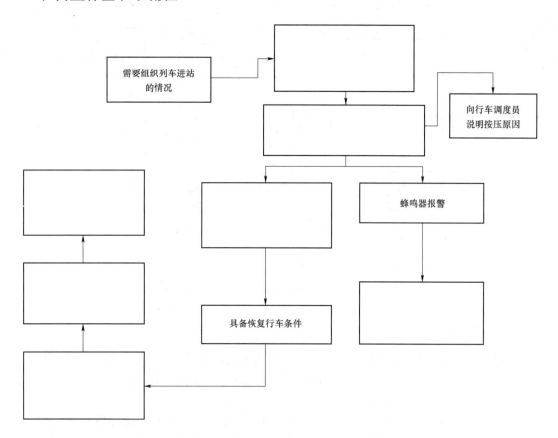

二、站台信号紧急关闭及复位操作

（1）上行/下行站台紧急关闭按钮：关闭相应信号机或使信号系统停止向列车发出移动授权。

（2）上行/下行站台解除关闭按钮：恢复相应信号机或使信号系统继续向列车发出移动授权。

（3）上行/下行站台紧急关闭指示灯：当按压上行/下行站台紧急关闭按钮后，相应关闭指示灯亮起。

（4）切除报警按钮：当蜂鸣器报警后，使用该按钮停止蜂鸣器报警。

（5）蜂鸣器：按压上行/下行站台紧急关闭按钮时，将伴有声音报警。

（6）计轴故障解除按钮：恢复计轴故障。

（7）钥匙开关：用于控制该操作区各模式开启按钮操作的有效性。

👉 任务评价

信号操作区操作评价

评价内容		评价标准	分 值	自评	他评
整体表现	形象	动作舒展，准确，利落	5		
作业内容	站台紧急关闭	正确确认紧急关闭条件	10		
		顺利将钥匙开关置于"有效"位	10		
		准确按压上行/下行站台关闭按钮	10		
		准确按压切除报警按钮，关闭蜂鸣声	5		
		准确确认上行/下行站台紧急关闭指示灯亮起	10		
		上报行车调度员	10		
		操作规范，一次成功	10		
	解除	正确确认具备恢复条件	10		
		上报行车调度员	5		
		准确按压上行/下行站台解除关闭按钮	5		
		准确按压计轴故障解除按钮	5		
		操作规范，一次成功	5		
总分			100		

评价自己对本任务知识与技能的掌握程度，在下表相应空格里画"√"。

评价内容	差	合格	良好	优秀
对信号操作区组成及其作用知识的掌握程度				
对紧急关闭信号处置作业方法的掌握程度				
对信号故障紧急处置的实施条件及作业方法的掌握程度				
学习中存在的问题或感悟				

任务六　自动售检票操作区操作

👉 情景设置

如图 7-26 所示，某日，在运营时段，某地铁车站发生火灾，要紧疏散乘客，应立即打开进出站设备。

图 7-26　自动售检票操作区操作情景

☞任务布置

掌握自动售检票操作区闸机紧急开启按钮操作流程，准确进行操作及复位。

☞任务分解

一、闸机紧急开启及复位操作流程

闸机紧急开启及复位操作流程如图 7-27 所示。

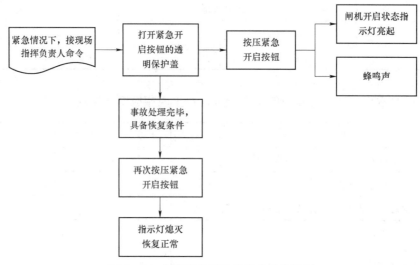

图 7-27　闸机紧急开启及复位操作流程

二、知识准备

（1）IBP 具有自动售检票系统闸机联动允许/联动禁止钥匙开关、紧急开启状态指示灯、紧急开启按钮等装置，盘面的控制只跟该系统有关，与其他盘面系统无关。自动售检票操作区如图 7-28 所示。

① 紧急开启状态指示灯（红色）：若闸机处紧急开启状态，则该指示灯亮。

② 联动允许/联动禁止钥匙开关：选择是否与其他专业系统联动，钥匙开关在联动允许的情况下，FAS 可以直接联动 AFC 闸机紧急释放；钥匙开关在联动禁止的情况下，FAS 不可以直接联动 AFC 闸机紧急释放。

③ 紧急开启按钮（红色）：非自复位式按钮，钥匙开关无论是在联动允许还是在联动禁止，紧急开启按钮均能起作用，均可通过操作此按钮实现对 AFC 闸机进行紧急释放。

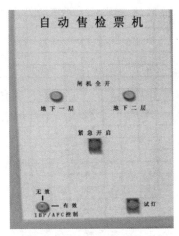

图 7-28　自动售检票操作区

（2）注意事项。

① 当使用该操作区时，IBP 上的紧急开启按钮会影响联动车站内所有闸机、自动售票机及自动查询机，启动该按钮之前要联系相关人员。

② 按钮防护罩应始终处于良好状态，操作完毕后，应及时将防护罩盖好，并通知相关人员加铅封。

③ 按压紧急开启按钮后，须及时向票务中心调度员说明按压的理由。

☞ 任务实施

一、自主补全以下流程

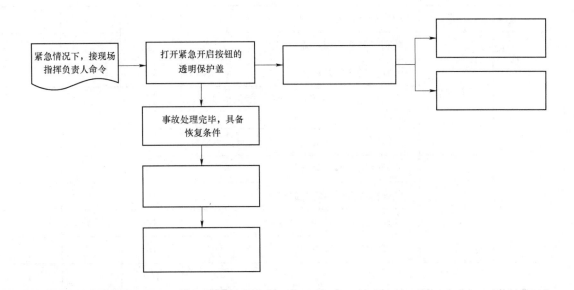

二、闸机紧急开启及复位操作

1. 使用条件

当车站发生火灾时，或在其他紧急情况下，须疏散站内乘客，接到现场指挥负责人的命令后，方准进行操作。

2. 使用方法

（1）如图7-29所示，打开紧急开启按钮的透明保护盖，按下红色按钮，车站的全部AFC终端设备进入紧急放行模式，紧急开启状态指示灯亮起，系统发出蜂鸣声。

（2）再次按下按钮，按钮弹起，紧急开启状态指示灯熄灭，车站的全部AFC终端设备恢复正常模式。

图7-29　打开紧急开启按钮的透明保护盖，按下红色按钮

👉 任务评价

自动售检票操作区操作评价

评价内容		评价标准	分　值	自评	他评
整体表现	形象	动作舒展，准确，利落	5		
作业内容	紧急开启	顺利打开透明保护盖	5		
		顺利按压紧急开启按钮	20		
		确认紧急开启状态指示灯亮起和系统发出蜂鸣声	20		
		操作规范，一次成功	10		
	复位	准确确认具备恢复条件	10		
		准确再次按压紧急开启按钮	10		
		准确判断操作成功	10		
		操作规范，一次成功	10		
总分			100		

评价自己对本任务知识与技能的掌握程度，在下表相应空格里画"√"。

评价内容	差	合格	良好	优秀
对自动售检票操作区组成及作用知识的掌握程度				
对自动售检票操作区操作方法的掌握程度				
学习中存在的问题或感悟				

任务七　门禁（ACS）操作区操作

情景设置
同任务六情景，紧急打开闸机疏散乘客，但火势较大，需要车站所有人员（包括工作人员）紧急撤离，车站需要释放所有区域门禁。

任务布置
掌握门禁紧急释放操作流程，准确进行操作。

任务分解

一、门禁紧急释放操作流程

门禁紧急释放操作流程如图 7-30 所示。

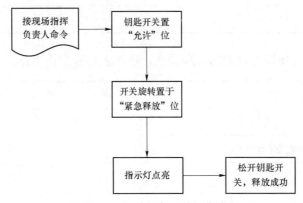

图 7-30　门禁紧急释放操作流程

二、知识准备

IBP 具有门禁系统（access control system，ACS）的钥匙开关、紧急释放状态指示灯、紧急释放按钮及试灯按钮等装置，盘面的控制只跟该系统有关，与其他专业系统无关。

紧急释放状态指示灯（红色）：若门禁处紧急释放状态，则该指示灯亮。

钥匙开关：当在"禁止"位时，IBP 无操作权限，控制区域按钮不起作用；当在"允许"位时，人工按下 IBP 上的紧急释放按钮，通过切断门禁控制器回路电源直接使门禁处于打开状态。

紧急释放按钮（红色）：自复位式按钮，当 IBP 的钥匙开关置"允许"位时，可通过操作此按钮实现对门禁系统（ACS）的紧急释放。

👉 任务实施

一、门禁紧急释放操作

1. 使用条件
接现场指挥负责人命令后，方准进行操作。

2. 使用方法
需要将门禁全部开放时，把 IBP 的钥匙开关置"允许"位，按压紧急释放按钮。

👉 任务评价

门禁（ACS）操作区操作评价

评价内容		评价标准	分 值	自评	他评
整体表现	形象	动作舒展，准确，利落	20		
作业内容	紧急释放	顺利将钥匙开关置"允许"位	20		
		顺利按压紧急释放按钮	20		
		确认紧急释放状态指示灯，确认释放成功	20		
		操作规范，一次成功	20		
总分			100		

评价自己对本任务知识与技能的掌握程度，在下表相应空格里画"√"。

评价内容	差	合格	良好	优秀
对门禁操作区组成及作用知识的掌握程度				
对门禁操作区操作方法的掌握程度				
学习中存在的问题或感悟				

项 目 训 练

班级：　　　　　　　　姓名：　　　　　　　　训练时间：

任务训练单	应急控制盘（IBP）运用操作
任务目标	掌握环境与设备监控操作区、气体灭火操作区、供电操作区、安全门操作区、信号操作区、自动售检票操作区、门禁操作区等的构成及作用、操作实施条件及作业方法

任务训练

任务训练说明：请从下列任务中选择其中的两个进行训练。

环境与设备监控操作区操作、气体灭火操作区操作、供电操作区操作、安全门操作区操作、信号操作区操作、自动售检票操作区操作、门禁操作区操作

任务训练一：

（总结作业流程，并在实训室进行实操训练或在模拟软件上完成实操训练）

任务训练二：

（总结作业流程，并在实训室进行实操训练或在模拟软件上完成实操训练）

任务训练的其他说明或建议：

指导老师评语：

任务完成人签字：	日期：	年	月	日
指导老师签字：	日期：	年	月	日

项 目 小 结

　　本项目详细介绍了应急控制盘（IBP）中所包含的各操作区，包括环境与设备监控操作区、气体灭火操作区、供电操作区、安全门操作区、信号操作区、自动售检票操作区，以及门禁操作区等在实际运用过程中的具体操作方法和操作要求。

参 考 文 献

[1] 任义娥，王彩娥. 城市轨道交通运营安全与突发事件处置. 北京：北京交通大学出版社，2019.